Les marques en Afrique francophone

Approche comparative et critique de la protection à l'OAPI et en R.D.Congo

Collection « Études africaines »

dirigée par Denis Pryen et son équipe

Forte de plus de mille titres publiés à ce jour, la collection « Études africaines » fait peau neuve. Elle présentera toujours les essais généraux qui ont fait son succès, mais se déclinera désormais également par séries thématiques : droit, économie, politique, sociologie, etc.

Dernières parutions

AMBOULOU (Hygin Didace), *Le droit des investissements et l'analyse économique de l'espace OHADA*, 2016.
SOHI BLESSON (Florent), *Sur les traces du premier administrateur colonial du Haut-Cavally (Côte d'Ivoire), Laurent Charles Joseph (1877-1915)*, 2016.
DAMIBA (François-Xavier), *Les Moosé du Burkina Faso*, 2016.
ADAMA (Hamadou) (dir), *Patrimoine et sources de l'histoire du Nord-Cameroun*, 2016.
TARCHIANI(Vieri) et TIEPOLO (Maurizio), *Risque et adaptation climatique dans la région Tillabéri, Niger. Pour renforcer les capacités d'analyse et d'évaluation*, 2016.
TAPOYO (Faviola), *Les règles coutumières au Gabon. Parenté, mariage, succession*, 2016.
AMOUZOU (Esse), *L'Afrique noire face à l'impératif de la réduction des naissances*, 2016
BRACK (Estelle), *Les mutations du secteur bancaire et financier africain*, 2016
RIDDE (Valéry), KOUANDA (Seni), KOBIANE (Jean-François) (éds.), *Pratiques et méthodes d'évaluation en Afrique*, 2016
NKERE (Ntanda Nkingi), *Clitorisation de la fille Mushi : antithèse de la Mutilation, Génitale Féminine*, 2016
UWIZEYMANA (Emeline), *Quand les inégalités de genre modèrent les effets du micro-crédit*, 2016.
MANKOU (Brice Arsène), ESSONO (Thomas), *L'impact des TIC dans les processus migratoires féminins en Afrique Centrale, Cas des cybermigrantes maritales du Cameroun*, 2016.
BUKASSA (Ambroise V), *Congo Kinshasa, Quand la corruption dirige la République*, 2016.

Aubin MABANZA N'SEMY

Les marques en Afrique francophone

Approche comparative et critique de la protection à l'OAPI et en R.D.Congo

L'Harmattan

5-7, rue de l'École-Polytechnique ; 75005 Paris

http://www.harmattan.fr
diffusion.harmattan@wanadoo.fr
harmattan1@wanadoo.fr

ISBN : 978-2-343-08574-6
EAN : 9782343085746

A Patricia, mon épouse ainsi qu'à mes enfants qui sont ma force.

A Eduard NDUAKULU et à Brigitte ZOKA qui étaient présents au début.

A mes étudiants passés et futurs, en reconnaissance de tout ce qu'ils m'apportent

« *Aime la vérité, mais pardonne à l'erreur* »
Voltaire
Discours en vers sur l'homme (1734-1737)

Avant-propos

Notre examen qui commence par l'analyse des règles de procédure d'enregistrement à la fois à l'Organisation Africaine de la Propriété Intellectuelle (OAPI) et en République Démocratique du Congo (RDC) nous révèle que les deux législations imposent l'enregistrement d'une marque. A défaut, le titulaire ne pourra pas entreprendre certaines actions. Ensuite, notre étude nous démontre que dans les deux législations, l'enregistrement d'une marque est valable dix ans et peut être renouvelé de façon illimitée, pour autant qu'elle soit exploitée et maintenue en vigueur selon les exigences légales.

Nous avons poussé la recherche plus loin pour mieux comprendre ce qui distingue ces deux législations et laquelle est plus conforme aux normes internationales. Il résulte de cette recherche que d'un côté, l'Accord de Bangui constitue une loi uniforme pour les 17 Etats membres, également membres de l'Organisation pour l'Harmonisation du Droit des Affaires en Afrique (OHADA), à l'exception de la Mauritanie, avec une procédure d'obtention d'un seul titre valable sur le territoire. De l'autre côté, la loi Congolaise certes conforme à la Convention de Paris sur la protection industrielle n'a pas connue de réformés depuis sa promulgation en 1982 et est devenue lacunaire, aux regards de récentes évolutions issues de l'Accord sur les aspects des droits de propriété intellectuelle qui touchent au commerce (ADPIC).

Notre étude démontre que s'agissant des sanctions de la validité de titres, en l'absence d'une Cour de Justice Commune en matière de la propriété intellectuelle, les tribunaux civils des Etats membres de l'OAPI ont le pouvoir de connaître de litiges. Leurs décisions font autorité dans l'ensemble du territoire de l'OAPI et qu'ils les communiquent à l'Organisation. Ce qui est une source d'insécurité judiciaire notamment pour les décisions mal rendues. Et qu'en République Démocratique du Congo, notre inquiétude est beaucoup plus grande que les litiges sont traités selon le droit commun de la responsabilité civile.

Aubin Mabanza, MA, LLM (Cardiff)

Kinshasa- Londres -Yaoundé, janvier 2016

Introduction Générale

Les marques sont l'une des plus vieilles créations de l'homme. Leur utilisation au fil du temps s'est accrue de sorte que de nos jours, leur valeur économique n'est plus à démontrer.

L'origine de la marque fait l'objet d'une littérature non négligeable depuis de nombreuses années. Ainsi, M.TEDLOW écrit « Qu'un produit standardisé, distribué nationalement dans de petits emballages, c'était aussi un produit auquel le fabricant pouvait donner un nom. Qui dit pouvoir donner un nom, dit aussi pouvoir faire de la publicité autour de ce nom. Ainsi apparut quelque chose qui était plus qu'un nom, une sorte de super nom : la marque »[1].

Déjà à l'époque de la loi française du 23 juin 1857, le droit de la marque naissait du premier usage, mais la marque devait être déposée pour être opposable aux tiers. Même non déposée elle était protégée, comme toute propriété contre les atteintes qui pouvaient lui être portées, sur le fondement de l'article 1382 du Code civil.

En France, en dehors de tout usage, le droit sur la marque pouvait naître du dépôt effectué au greffe du tribunal de commerce ou du tribunal de grande instance du domicile du déposant. Ce dépôt était effectué pour une durée de quinze ans ; il pouvait être renouvelé dans les mêmes conditions qu'un premier dépôt[2].

Primitivement, la marque avait seulement pour vocation de porter à la connaissance du public l'origine des produits et par le fait même de garantir leur qualité.

---

[1] *TEDLOW RICHARD, « L'Audace et le marché, l'invention marketing aux Etats Unis », Editions Odile Jacob, 1997, p.43.*

[2] *Rapport COLOMBET, sous l'empire de la loi du 23 juin 1857.*

Cette fonction « socio économique » de la marque a été affirmée à plusieurs reprises par la jurisprudence qui, depuis 1877, a considéré « qu'un signe non destiné à remplir ce but ne peut être déposé à titre de marque de fabrique »[3].

La marque est communément définie comme étant un signe distinctif dont la fonction est de distinguer les produits ou services dans le commerce, de ceux des concurrents. Pour une entreprise commerciale, la marque constitue un outil économique nécessaire à l'identification de ses produits ou services sur le marché. Avec le progrès technologique des dernières décennies, la marque est devenue un moyen incontournable de communication et de positionnement des entreprises, quelle que soit leur taille.

L'on attribue également à la marque un rôle protecteur du public, en ce qu'elle permet au consommateur intéressé par un produit ou service quelconque, de faire un choix susceptible d'éviter d'être induit en erreur.

Depuis quelques années, la marque tend vers une fonction symbolique. Elle a pour objet non pas la promotion de l'origine ou des qualités intrinsèques de produits ou de services mais le ralliement conscient ou inconscient à certains symboles, véritables « signes de reconnaissance » pour certaines catégories socio - professionnelles[4].

Cette évolution se traduit en premier lieu par la pratique consistant à faire exploiter certaines marques par des tiers licenciés pour la commercialisation d'autres produits ou services que ceux qui sont à l'origine de la renommée de la marque.

---

[3] *Tribunal correctionnel de Paris, 11e chambre, 9 mars 1877.*

[4] *Bertrand (André R.), Droit des marques, signes distinctifs-noms de domaine, deuxième édition, Dalloz 2005, p.18*

Ainsi par exemple, la marque « *Coca-Cola* » est aujourd'hui apposée sur de nombreux produits sans relation avec la boisson qui l'a rendu célèbre[5].

Le droit de la marque confère au titulaire un ensemble de droits et de facultés qui ont pour objet de lui réserver l'usage exclusif du signe distinctif. Et de le protéger contre les concurrents qui souhaiteraient profiter de sa position et de sa réputation. C'est ce que la jurisprudence de la Cour d'appel appelle l'« objet spécifique du droit de la marque »[6].

Le doyen ROUBIER voyait dans la marque « un droit de clientèle », dans la mesure où elle permet « grâce à une emprise sur la clientèle d'obtenir des bénéfices dans la concurrence économique »[7].

La jurisprudence considère que le droit de propriété conféré par la marque n'est qu'un droit de « propriété intellectuelle ». C'est-à-dire qu'il s'agit seulement d'un droit exclusif d'usage ou plutôt « d'occupation » qui est limité à l'institution du signe déposé dans son rapport avec le produit ou le service qu'il désigne[8].

La marque ne protège que les produits ou les services visés lors de l'enregistrement. Et de ce fait, le droit accordé à son titulaire n'est donc pas aussi « absolu » que celui accordé au titulaire d'un brevet ou au titulaire d'un droit d'auteur

---

[5] *Op.cit, p.19*
[6] *Idem, p.19*
[7] *Roubier (P), le droit de la propriété industrielle, L. Sirey, 1952, p.104*
[8] *C.A. Paris, 4e Ch.18 mai 1993, JBS, PIBD, 1993, III 687.*

puisqu'il n'est théoriquement opposable qu'à des concurrents directs par le jeu de la règle de la spécialité[9].

Il n'en demeure pas moins que le succès d'une marque ainsi que sa reconnaissance par le consommateur sont le fruit de la combinaison d'efforts à la fois de temps, de travail et de ressources financières. Qui, à juste titre, devraient permettre à l'entreprise titulaire de la marque d'en tirer profit, en termes de part de marché. Dès lors, se pose le problème de sa protection. L'enregistrement d'une marque est valable dix ans et peut-être renouvelé de façon illimitée pour autant qu'elle soit exploitée et maintenue en vigueur selon les exigences légales.

La Convention de Paris du 20 mars 1883 pour la protection de la propriété industrielle pose quelques principes de base, notamment celui de l'assimilation aux ressortissants Unionistes à celui des ressortissants domiciliés dans un pays Unioniste. Et celui du droit de priorité dont la durée de six mois pour les marques permet à celui qui a régulièrement fait le dépôt dans un des pays de l'union, de se prévaloir, pendant cette priorité, de tous les droits reconnus au premier déposant.

Soulignons par ailleurs que l'exigence de la demande d'enregistrement d'une marque est au cœur de toute réforme législative, y compris de Conventions Internationales. C'est ce que nous révèle l'article 6 bis de la Convention de Paris dans sa révision de 1967 qui dispose : « qu'elle s'appliquera, *mutatis mutandis*, aux produits ou services qui ne sont pas similaires à ceux pour lesquels une marque de fabrique ou de commerce est enregistrée, à condition que l'usage de cette marque pour ces produits ou services indique un lien entre ces produits ou services et le titulaire de la marque

---

[9] *Bertrand (André R.), droit des marques, signes distinctifs-noms de domaine, deuxième édition, Dalloz 2005, p.22*

enregistrée et à condition que cet usage risque de nuire aux intérêts du titulaire de la marque enregistrée ». Il en est de même du Code Belge de la propriété intellectuelle[10].

S'agissant des jeunes Etats de l'Afrique francophone, le besoin d'assurer la protection des droits de propriété industrielle s'est fait sentir au lendemain de leurs indépendances respectives, au début des années 1960.

Alors que l'Institut National de la Propriété Industrielle (INPI) France assurait la fonction d'office récepteur des marques pour l'ensemble des anciennes colonies françaises. Les 12 Chefs d'Etats et de gouvernements se réunirent à Antanarivo (Madagascar), pour faire application des dispositions de l'article 19 de la Convention de Paris et créer un certain nombre d'institutions parmi lesquelles l'Office Africain et Malgache de la Propriété Industrielle (OAMPI)[11].

Plus tard, les experts finalisèrent la tenue d'une Conférence à Libreville, le 13 septembre 1962. Cet Accord a crée un

[10] *Son article 6, alinéa 1 dispose : « Le titulaire d'une marque de fabrique ou de commerce enregistrée aura le droit exclusif d'empêcher tous les tiers agissant sans son consentement de faire usage au cours d'opérations commerciales de signes identiques ou similaires pour des produits ou services identiques ou similaires à ceux pour lesquels la marque de fabrique ou de commerce est enregistrée dans les cas ou un tel usage entrainerait un risque de confusion. ... », Code de la propriété intellectuelle : Traités, lois et règlements, 3e édition, Brulant 2009.*

[11] *L'Accord de Libreville assurait la protection des brevets, des marques de fabrique ou de commerce et des dessins et modèles industriels. Il fut signé par les 12 Etats à savoir: le Cameroun, la République Centre Africaine, le Congo, la Côte d'Ivoire, le Dahomey (aujourd'hui Bénin), le Gabon, la Haute Volta (actuel Burkina Faso), le Madagascar, la Mauritanie, le Niger, le Sénégal et le Tchad.*

organe gouvernemental chargé d'administrer les droits de la propriété industrielle, c'est le point de départ de l'actuelle Organisation Africaine de la Propriété Intellectuelle (OAPI).

Avec le retrait du Madagascar et le désir d'élargir le champ de compétence, un Accord fut signé à Bangui, le 02 mars 1977. Cet Accord, institue l'Organisation Africaine de la Propriété Intellectuelle (OAPI) qui administre toute la propriété intellectuelle[12]. L'Accord de Bangui a été révisé le 24 février 1999 pour être conforme à l'Accord sur les ADPIC et moderniser certains aspects pratiques de l'Accord. Son entée en vigueur est intervenue le 28 février 2002.

A la date d'aujourd'hui, l'OAPI compte 17 Etats membres, soit un territoire d'une superficie d'environ 7.784.015 Km2 avec une population d'environ 559.000.000 d'habitants[13]. L'Accord de Bangui constitue la loi nationale sur l'ensemble de ces Etats[14].

Le système tel que prévu par l'Accord de Bangui, offre des avantages pratiques intéressants et une sécurité juridique à la fois pour les Etats membres et les déposants. En ce sens que les droits conférés par les titres de protection délivrés sont valables sur le territoire de chacun des Etats membres de l'OAPI.

---

[12] *L'Administration est compétente également pour les noms commerciaux, les modèles d'utilité, les appellations d'origine et la propriété littéraire et artistique.*

[13] *Les données citées ont été tirées de l'Annuaire statistique de l'OAPI.*

[14] De nouveaux Etats ont rejoint l'espace OAPI, à Guinée, la Guinée Bissau, la Guinée Equatoriale, le Mali et le Togo et le Comores.

Les attributions de l'OAPI figurent dans l'article 2, alinéa 2 de l'Accord de Bangui Révisé. Au nombre des missions à lui reconnues, il y a la délivrance des titres de protection.

Le domaine des marques qui fait l'objet d'un grand nombre de dépôts d'enregistrement à l'OAPI, illustre bien les caractéristiques du système OAPI. L'existence d'un office commun OAPI assure une centralisation des procédures d'obtention, et un seul titre qui est délivré, à savoir le titre OAPI. Il n'y a donc pas de systèmes nationaux de délivrance des titres qui coexistent avec le système régional.

L'Accord de Bangui constitue le « **Code de la propriété intellectuelle** » pour les Etats membres. Ce Code, bien qu'il se soit inspiré du Code Français de la Propriété Intellectuelle sur certains aspects, est beaucoup plus original dans son contenu, moderne et est conforme aux Conventions Internationales en vigueur.

La République Démocratique du Congo est un pays francophone comme la plupart des Etats membres de l'Accord de Bangui. Elle ne fait partie d'aucune Organisation Régionale dans le domaine de la propriété intellectuelle.

Situé au cœur de la région de « Grands lacs », le pays a une superficie de plus de 2.345.000 Km2 et une population de plus de 75.000.000 d'habitants[15]. Sa législation actuelle en droit de la propriété industrielle date du 07 janvier 1982. En d'autres termes, elle n'est pas conforme aux récentes évolutions issues de l'Accord de Marrakech de 1994, notamment à l'accord sur les ADPIC.

L'Organisation Mondiale du Commerce (OMC) a classé la République Démocratique du Congo dans le groupe des Pays

---

[1515] *Ce chiffre n'est qu'une estimation car le pays n'a pas connu de recensement depuis la fin des années 1970.*

les Moins Avancés (PMA). Et en tant que tel, elle bénéficie d'une nouvelle période de transition qui a expiré le 15 juillet 2013 pour mettre sa législation en conformité avec les dispositions de l'accord sur l'ADPIC.

L'Accord de Bangui est un outil moderne d'intégration et une loi uniforme pour l'ensemble des Etats Membres, contrairement à la République Démocratique du Congo qui possède une législation qui n'a pas fait l'objet de réforme depuis trente ans. En conséquence, elle est devenue lacunaire au regard des dernières évolutions en matière de la propriété industrielle.

Etant donné que les deux législations sont fondées sur le même standard international, nous aborderons notre étude sous l'angle de la pratique administrative entre elles pour la procédure d'enregistrement d'une marque.

L'Accord de Bangui, comme la législation Congolaise de janvier 1982, appartient à la famille romano-germanique, c'est-à-dire proche du droit Français. Ainsi, nous ferons référence à la jurisprudence Française qui est plus riche et complète en ce qui concerne l'étude de la procédure d'enregistrement d'une marque.

De même, les décisions rendues par la Commission Supérieure de Recours de l'OAPI ainsi que les rares décisions Congolaise disponibles feront également l'objet d'un intérêt particulier.

L'intégration économique régionale implique l'harmonisation des normes, elle n'est envisageable qu'à partir de l'analyse comparative de deux systèmes étrangers. Alors que le droit comparé suppose que l'on regroupe les ordres juridiques nationaux, que l'on analyse ces derniers pour voir en quoi ils se ressemblent et sur quels points ils divergent.

En conséquence, notre travail propose de mener une réflexion sur la procédure d'enregistrement d'une marque dans l'espace OAPI et en République Démocratique du Congo. Et démontrer l'intérêt pratique pour le déposant éventuel de ne détenir qu'un seul titre pour la protection de sa marque dans plusieurs pays. A partir des points de ressemblances et de différences entre les deux systèmes, démontrer en quoi l'unification législative est nécessaire à l'ère de la mondialisation de nos économies.

Les droits accordés au propriétaire de la marque « étant dérogatoires au principe général de la liberté commerciale, leur délimitation doit être opérée de façon rigoureuse[16] ».

L'Accord de Bangui, tout en distinguant la marque ordinaire de la marque collective, considère comme marque de produits ou de services, tout signe visible utilisé ou que l'on se propose d'utiliser et qui est propre à distinguer les produits ou services d'une entreprise quelconque. Il s'agit notamment, des noms patronymiques pris en eux-mêmes ou sous une forme distinctive, des dénominations particulières, arbitraires ou de fantaisie, la forme caractéristique du produit ou de son conditionnement, les étiquettes, enveloppes, emblèmes, empreintes, timbres, cachets, vignettes lisérés, combinaisons ou dispositions de couleurs, dessins, reliefs, lettres, chiffres, devises, pseudonymes.

Est considérée comme marque collective, la marque de produits ou services dont les conditions d'utilisation sont fixées par un règlement approuvé par l'autorité compétente. Et que seuls les groupements de droit public, syndicats ou groupements de syndicats, associations, groupements de producteurs, d'industriels, d'artisans ou de commerçants

---

[16] *REBOUL (Y), note Ann. Propriété industrielle 1984, 220.*

peuvent utiliser, pour autant qu'ils soient reconnus officiellement et qu'ils aient la capacité juridique.

La loi Congolaise de 1982 quant à elle prévoit quatre sortes de marques qui sont : les marques de fabrique ; les marques de commerce : les marques de service et la marque nationale de garantie.

Elle définit la marque comme « tout signe distinctif qui permet de reconnaître ou d'identifier divers objets ou services d'une entreprise quelconque. ». Ce signe est nouveau lorsqu'il n'a pas déjà été enregistré comme tel pour le même produit ou service.

La marque est différente du nom commercial qui désigne l'entreprise et de l'enseigne commerciale qui individualise une boutique. En cas de combinaison, la marque est complexe ou composée.

La marque est complexe lorsqu'elle est composée de divers éléments susceptibles isolement de constituer chacun une marque valable. Elle est composée quand chacun de ses divers éléments ou certains d'entre eux ne pourraient constituer une marque valable, leur réunion seule validant la marque.

Il sied de noter que chacun des éléments de la marque appartient au domaine collectif et il a été jugé que l'utilisation par un tiers d'un seul de ces éléments ne constitue pas une contrefaçon[17].

La marque nationale de garantie vise à ratifier seulement et officiellement la qualité des marchandises Congolaises. Les dispositions légales ou réglementaires précisent comment

[17] *Tribunal commercial de Bruxelles, le 18 avril 1938 in Com. Brux., 1939, p. 390.*

joue cette marque pour les marchandises : les conditions auxquelles seront subordonnées l'usage de cette marque, le contrôle de la conformité des marchandises aux normes nationales en vigueur ainsi que les sanctions y afférentes[18].

De ce qui précède, il nous semble mieux d'analyser, dans un premier temps les règles de procédure d'enregistrement des marques à l'Organisation Africaine de la Propriété Intellectuelle et en République Démocratique du Congo (Première Partie), puis dans un second temps, la violation de la procédure d'enregistrement des marques à l'OAPI et en République Démocratique du Congo (Deuxième Partie).

---

[18] *L'Ordonnance 75-271 du 22 aout 1975 et l'Arrêté départemental DENI/CAB/03/88 du 19 aout 1988 portant statut et gestion de la marque nationale de conformité aux normes in J.O.Z. n°23, 1er décembre 1988, p. 26.*

Première Partie :

Analyse des Règles de Procédure d'enregistrement d'une Marque

Il est unanimement admis que l'appropriation d'une marque nécessite un dépôt de celle-ci en tant que marque y compris la marque notoire. La marque notoire se distingue de la marque renommée. Les deux se distinguent en ce que la marque est renommée du fait de son caractère international mais aussi de son régime de protection renforcée en plus de celle de la responsabilité civile. Alors que la marque notoire ne bénéficie que d'une protection administrative, notamment en matière de contrefaçon et d'action en annulation du signe adverse pour des produits similaires.

De notre point de vue, il est regrettable que les deux législations que nous examinons ici (l'Accord de Bangui et la loi Congolaise de 1982) ne prévoient pas de dispositifs relatifs à la marque renommée.

En effet, l'article 6, annexe III de l'Accord de Bangui dispose simplement que « Le titulaire d'une marque notoirement connue au sens de l'article 6 bis de la Convention de Paris pour la Propriété Industrielle et l'article 16 alinéas 2 et 3 de l'Accord sur les aspects du droit de la propriété intellectuelle qui touchent au commerce peut réclamer l'annulation auprès des tribunaux des effets sur le territoire national de l'un des Etats membres du dépôt d'une marque susceptible de créer la confusion avec la sienne. Cette action ne peut plus être intentée après l'expiration d'un délai de cinq ans à compter de la date de dépôt, lorsque celui-ci a été effectué de bonne foi ». La lecture de ces dispositions nous amène à dire que le principe de la spécialité propre à la marque notoire n'est pas apparent en ce sens qu'elle se contente à de renvois.

Dans l'espace OAPI, l'enregistrement d'une marque notoire est soumis à des conditions identiques à celles d'une marque ordinaire[19]. S'agissant de la loi Congolaise de 1982, elle contient des points de ressemblance à l'Accord de Bangui en ce qui concerne uniquement l'article 6 bis de la Convention de Paris de 1883.

Pour le reste, c'est-à-dire sur l'ADPIC elle est différente parce qu'elle ne s'y est pas encore conformée. Le principe c'est « Sans dépôt, pas de marque ».

Nous trouvons aussi bien dans l'Accord de Bangui que dans la loi Congolaise de 1982 les mêmes conditions de validité, il faut citer d'abord les conditions de forme d'enregistrement d'une marque (Chapitre 1) qui constitue l'une des conditions préalables pour la validité d'un dépôt.

Cette condition est prévue par un article distinct de l'Annexe III de l'Accord de Bangui, alors qu'elle est prévue par une disposition commune pour les activités inventives dans la loi Congolaise de 1982. Viennent ensuite les conditions de fond, préalables à la validité du dépôt (Chapitre 2).

---

[19] *Voir le Jugement n°23/2006 du 29 aout 2006 du Tribunal de Wilaya-Nouakchott (Mauritanie), Chambre civile. Recueil de décisions de justice (de l'OAPI) en matière de propriété intellectuelle, tome 1, pages 23 à 27. En l'espèce, le tribunal a annulé l'enregistrement d'une marque en violation d'une marque réputée notoire. Les juges du fond ont estimé «...que le propriétaire d'une marque fameuse a le droit exclusif d'utiliser sa marque et réclamer l'annulation de tout enregistrement de toute marque similaire ou identique à sa marque et dont le tribunal est en droit d'y déclarer nul l'enregistrement lorsque celui-ci est contraire à un droit antérieur... ».*

Ce sont en effet, les éléments déterminants de la demande. Il convient de noter qu'en ce qui concerne les conditions d'enregistrement dans les deux législations, elles font l'objet des dispositions générales.

La première condition est celle qui est prévue par l'article 8 de l'Annexe III de l'Accord de Bangui qui dispose : « Quiconque veut obtenir l'enregistrement d'une marque doit déposer ou adresser par pli postal recommandé avec demande d'avis de réception à l'Organisation ou au ministère chargé de la propriété industrielle : a) sa demande adressée au Directeur Général de l'Organisation en nombre d'exemplaires suffisants ; b) la pièce justificative du versement à l'Organisation de la taxe de dépôt ; c) un pouvoir sous seing privé, sans timbre, si le déposant est représenté par un mandataire ; d) la reproduction de la marque comportant l'énumération des produits ou des services auxquels s'applique la marque et des classes correspondantes de la classification internationale des produits et services aux fins de l'enregistrement des marques (*Arrangement de Nice*) ; le nombre de reproductions de la marque devant être fourni est fixé par le règlement d'application de la présente Annexe ; e) le règlement visé à l'article 2.2) s'il s'agit d'une marque collective ».

S'agissant de la loi Congolaise du 07 janvier 1982 cette seconde condition y est prévue notamment par les articles 134 à 137. Aux termes de l'article 134, « le dépôt des marques se fait par écrit, dans les conditions et modalités, mutatis mutandis, prévues à l'article 112[20] de la présente loi ainsi que de ses mesures d'exécution. » ;

---

[20] *Article 112 : « Le dépôt d'un dessin ou d'un modèle industriel se fait par une demande écrite, dans les conditions et modalités, mutatis mutandis, des articles 16, 18 à 22, 24 à 26 de la présente loi ainsi que de ses mesures d'exécution».*

L'article 135 quant à lui dispose qu'« A peine de nullité, le dépôt d'une marque doit comprendre, outre la preuve de paiement des taxes exigibles au moment du dépôt, notamment : 1° le modèle de la marque comprenant l'énumération des produits, objets ou services, auxquels s'applique la marque ; 2° la classification internationale correspondant à la marque ; 3° le cliché de la marque ;

4° le pouvoir spécial visé à l'article 17[21],alinéa 2, le cas échéant ; 5° le nom ou la raison sociale et l'adresse du titulaire et le cas échéant, du mandataire ».

Il s'agit, dans ces deux législations de conditions similaires pour la validité.

---

[21] L'article 17 dispose : « le dépôt de la demande de brevet ou de certificat d'encouragement s'effectue soit par l'auteur ou le titulaire lui-même soit par son mandataire, en mains propres ou par voie postale. Si le dépôt se fait par un mandataire, il sera accompagné d'une procuration établie en bonne et due forme, appelée « pouvoir spécial» Dans ce cas, cette procuration doit faire mention des pièces constituant le dossier».

Chapitre 1 :

Les Conditions de forme d'enregistrement d'une Marque

Dans les deux législations la demande doit satisfaire à des conditions de forme. Il s'agit d'abord, d'examiner l'obligation de déposer une demande (Section 1). Vient ensuite l'examen de l'organisme habilité à recevoir la demande (Section 2).

Section I : L'obligation de déposer une demande d'enregistrement d'une marque

Notons que c'est pour mettre fin à l'insécurité juridique que le législateur de 1857 a institué l'obligation du dépôt[22]. Sous l'ancien régime, quelle que soit la recherche faite pour trouver une marque, quelqu'un qui l'utilisait sans l'avoir déposée pouvait agir en contrefaçon : il suffisait de la déposer plus tard, ce qui avait pour effet de faire remonter les droits du déposant à la date du premier usage (à condition d'en apporter la preuve)[23]. Ce problème a été réglé grâce notamment aux conventions internationales qui ont instauré un système de « dépôt attributif » en vertu duquel l'enregistrement crée le droit de propriété[24]. La distinction entre ces deux termes a été établie par l'actuel Code Français de la propriété intellectuelle. L'enregistrement ne s'acquiert qu'à l''issue d'un examen et d'une possible procédure d'opposition.

---

[22] *Voir l'article L.712-1 du Code français de la propriété intellectuelle, dans sa version de 1991. Le terme « enregistrement »a été préféré à celui de « dépôt »qui figurait dans la loi du 31 décembre 1964, « la propriété de la marque s'acquiert par le premier dépôt ».*

[23] *Pochon (Bernard) et Derambure (Christian): De la création à la contrefaçon des marques, éditions du Puits Fleuri, 2007, p.82.*

[24] *Op.cit, p.83.*

La jurisprudence considère que comme le droit sur une marque s'acquiert par l'enregistrement, il en résulte que « le droit des marques est un droit d'appropriation et non de créativité à la différence d'autres protections privatives[25] ».

La validité d'une marque dépend du dépôt de celle-ci. Dans l'espace OAPI, l'Accord de Bangui dans son annexe III prévoit un article V alinéa 1 qui dit que « la propriété de la marque appartient à celui qui, le premier en a effectué le dépôt ».

C'est sur le fondement de cette disposition que la Cour d'appel d'Abidjan a rendue une décision en date du 02 mars 2007 dans l'affaire « SUNWATT[26] ».

En l'espèce, un commerçant exerçant sur le territoire Ivoirien et dans les pays de la sous région a déposé et enregistré la marque de piles SUNWATT à l'OAPI le 22/09/1994 ; que deux ans plus tard il cède son affaire à une entreprise basée à TAIWAN qui, en juillet 2000, à son tour la cède à une autre entreprise.

Qu'entre temps, la société défenderesse a déposé et enregistré cette marque le 22/10/1996, qu'elle a découvert l'existence des piles de marque « SUNWATT » sur le marché Ivoirien autre que celle qu'elle fabrique, a saisi le tribunal civil d'Abidjan aux fins d'annuler l'enregistrement de ladite marque opérée le 22/10/1996. Les juges du fond ont fait droit à sa demande. Et que la demanderesse a fait appel de la décision.

---

[25] *T.G.I.Castres, 13 mars 1992, Dior C/ SIM, PIBD 1992, III, 472.*

[26] *Arrêt contradictoire n° 182 du 02 mars 2007 de la 3e chambre, Cour d'appel d'Abidjan (Côte d'Ivoire), Recueil de décisions de justice (de l'OAPI) en matière de propriété intellectuelle, pages 12 à 22.*

Devant la Cour d'appel, la défenderesse affirme que la marque en cause était déposée en CHINE avant de l'être à l'OAPI en octobre 1996, et que c'est en pleine connaissance de ses droits d'usage et de propriété sur ladite marque que les titulaires successifs se sont précipités pour déposer celle-ci auprès de l'OAPI afin de se prévaloir de l'antériorité de leur dépôt. Elle fait valoir qu'un tel procédé est frauduleux au regard de l'article 24 de l'annexe III de l'Accord de Bangui.

La Cour d'appel d'Abidjan a confirmé le jugement attaqué qui avait donné raison à la défenderesse dont le dépôt a été déclaré valable et régulier par le Directeur Général de l'OAPI et que par conséquent avait respecté « l'exigence de l'inscription de la marque SUNWATT au registre spécial des marques à l'OAPI… ». L'intérêt de cet arrêt de la Cour d'appel d'Abidjan c'est qu'il illustre que les juges du fond lorsqu'ils sont saisis d'une demande en annulation apprécient de façon rigoureuse le critère de « l'antériorité ».

A la fois, au regard de la Convention de Paris de 1883 et de l'Accord de Bangui, Ce contrôle permet ainsi de limiter les manœuvres frauduleuses de certains déposants.

La loi Congolaise de 1982 prévoit un dispositif semblable à celui de l'Accord de Bangui.

L'obligation de déposer une demande implique à s'interroger sur la personne habilitée à effectuer le dépôt (§1). Ensuite, il convient de s'interroger sur ce qui doit faire la nature du dépôt de la demande (§2), enfin, il nous faudra examiner l'enregistrement lui-même (§3).

§1 : La personne habilitée à effectuer le dépôt

L'article 8 de l'Accord de Bangui, Annexe III ne prévoit aucune restriction en ce qui concerne le demandeur, il peut s'agir du titulaire lorsqu'il est résident (A) ou de son mandataire au cas où le demandeur se trouvant à l'étranger (B).

A. Le titulaire déposant national

Toute personne physique ou morale peut accomplir les formalités de dépôt d'enregistrement d'une marque. S'agissant de l'espace OAPI, l'article 13 b) de l'Annexe III de l'Accord de Bangui prévoit également les conditions de résidence et de nationalité du demandeur. De sorte qu'il peut s'agir soit d'un ressortissant de l'un des Etats membres, soit d'une personne étrangère à condition d'avoir une résidence ou un établissement dans le territoire OAPI.

L'Accord de Bangui ne pose pas de condition de réciprocité comme c'est le cas dans de nombreuses législations.

En effet, l'article L.712-11 du Code Français de la propriété intellectuelle dispose que : « Sans préjudice de l'application des dispositions de la convention de Paris pour la protection de la propriété industrielle, l'étranger qui n'est ni établi, ni domicilié sur le territoire national bénéficie des dispositions du présent livre. Toutefois, sous réserve des conventions internationales, ce bénéfice est subordonné aux conditions qu'il justifie avoir régulièrement déposé la marque ou obtenu son enregistrement dans le pays de son domicile ou de son établissement et que ce pays accorde la réciprocité de protection aux Français[27] ».

[27] *Voir : article L.712-11 du Code de la propriété intellectuelle Français.*

En application de ces dispositions, la jurisprudence fait une application plus stricte[28].

Cependant, la qualité de commerçant n'est pas exigée pour effectuer valablement un dépôt. De même, l'Accord de Bangui stipule qu'une personne physique tout comme une personne morale (par exemple une société holding, une association, un syndicat etc.) peut valablement effectuer le dépôt. Il peut s'agir d'un déposant unique ou d'une pluralité de déposants. Les dispositions de la loi Congolaise de 1982 sont similaires à celles de l'Accord de Bangui.

La règle de « l'indépendance de la marque » permet en effet, à une personne qui n'a pas le statut de commerçant de déposer une marque en son nom personnel. Les juges du fond interprètent largement cette règle. C'est le sens d'un arrêt rendu sur la question de savoir si un non-commerçant était habilité à effectuer un dépôt « on ne saurait contester au particulier le droit d'acquérir une marque, pour le motif qu'il ne possède pas d'entreprise commerciale ; la loi n'exige pas que le titulaire d'une marque soit propriétaire d'une entreprise, une personne n'exerçant aucune activité commerciale peut parfaitement déposer une marque dès lors que celle-ci sert à distinguer les produits ou services d'une entreprise[29] ».

---

[28] *Par application de ces dispositions, le dépôt de la marque « Rambo » effectué par une société panaméenne a été annulé au motif que « la demanderesse n'ayant pas démontré qu'à la date du dépôt en France, les marques françaises bénéficiaient dans l'Etat du Panama d'une protection équivalente à celle accordée aux marques panaméennes», T.G.I Paris, 3e ch. 21 janv.1987, Carolco, PIBD 1987, II. 234.*

[29] *Voir en ce sens, CA. Paris, 4e ch. 11 février 1975, JCN, KN C/ Guiraud, Ann. Prop. Obs. 1975 239.*

Toutefois, la règle de l'indépendance d'une marque est « relative » en ce sens que le titulaire d'une marque qui n'est pas commerçant est tenu de l'exploiter directement ou indirectement dans un délai de Cinq ans après son enregistrement, sous peine de déchéance[30]. Lorsque le titulaire réside à l'étranger, le dépôt doit se faire par l'intermédiaire d'un mandataire.

B. Le Mandataire

Pour qu'il y ait mandataire, il doit y avoir un mandat. Le mandat ou « procuration » désigne à la fois le pouvoir et le document par lequel ce pouvoir est transmis. Ainsi, le mandat est une convention par laquelle une personne (mandant) donne à une autre (mandataire), le pouvoir de faire pour elle, un ou plusieurs actes juridiques.

Le mandat peut être verbal. En pratique, il prend souvent l'aspect d'un texte écrit, en empruntant soit la forme d'un acte sous seing privé, soit celle d'un acte passé devant notaire.

Si les parties sont libres de choisir la forme du mandat, parce qu'il faut l'adapter selon les cas, il n'en demeure pas moins que le contenu du mandat est très important en ce sens qu'il doit être suffisamment détaillé, clair et précis[31].

---

[30] *C.A. Versailles, 13e ch.26 janv. 1989, IDDH c/ Auchan, PIBD 1989, III, 303.*

[31] *Voir en ce sens, TGI Paris, 3e ch. 1ère section, 23 mai 2000, Mr Serge P. et a. c/Mr Joseph P.et a. En l'espèce, le gérant d'un site internet spécialisé en téléchargement des musiques en ligne avait été condamné pour voir dépassé le mandat spécial qui le liait à un des ses clients.*

La principale caractéristique du contrat de mandat est que le mandataire doit exercer sa mission en toute indépendance. Un contrat de mandat est différent d'un contrat de travail par l'absence de subordination entre les parties. La nature d'un mandat diffère selon qu'il s'agit d'un mandat à titre gratuit ou à titre onéreux.

Le contrat de mandat à titre onéreux, c'est-à-dire celui qui concerne le mandataire agissant en tant que professionnel.

Il en résulte que la mise en cause de la responsabilité du mandataire diffère selon qu'il est professionnel ou non. En principe, un mandat peut être soit général, soit spécial. Il est général lorsque le mandataire est chargé sous certaines réserves de faire un grand nombre d'actes juridiques, alors qu'il est spécial lorsque le mandataire a été retenu pour une mission déterminée.

Comme tout contrat de droit commun, le mandat doit définir les obligations de chacune des parties. S'agissant du mandant, il a l'obligation de respecter les termes du contrat à savoir la rémunération telle que convenue, le remboursement des frais avancés et indemniser les pertes.

Du côté du mandataire, il doit respecter la mission qui lui a été confiée et rendre des comptes au mandant.

Le contrat de mandat produit des effets à l'égard des tiers, pour cette raison, les tiers qui sont amenés à traiter avec un mandataire doivent vérifier si ce dernier a agi conformément aux pouvoirs qui lui ont été donnés dans le mandat. Pour sa part, le mandant n'est pas en principe tenu des actes qui n'entrent pas dans la mission qu'il a confiée.

Dans une telle hypothèse, à défaut de ratification par le mandant de ce que le mandataire a fait pour son compte, la seule façon de lui imposer l'acte du mandataire est d'invoquer la « *théorie de l'apparence* ».

La théorie de l'apparence est une construction purement doctrinale permettant de se fonder sur l'apparence d'une situation pour lui faire produire des effets juridiques qui ne lui sont pas normalement attachés puisqu'en réalité, au-delà de l'apparence, elle ne remplit pas les conditions nécessaires à cette fin[32]. Depuis plusieurs années, la jurisprudence a adopté cette théorie pour protéger les tiers qui avaient la croyance légitime qu'ils avaient contracté avec un mandataire dont les pouvoirs se sont avérés insuffisants ou qui en était dépourvu, mais que les circonstances les autorisaient à ne pas en exiger qu'il puisse produire ses pouvoirs.

Faisant application de la théorie de l'apparence, la Cour de cassation a jugé « qu'un mandat apparent ne peut être admis pour l'établissement d'un acte par un notaire instrumentaire avec le concours d'un confrère : les deux officiers publics sont tenus de procéder à la vérification de leurs pouvoirs respectifs[33] ».

Le législateur a prévu les circonstances dans lesquelles un mandat prend fin. Le mandat est un contrat *intuitu personae*, d'ailleurs à l'origine, il s'agissait d'un contrat entre amis. En principe, l'on ne donne mandat qu'à une personne en qui on estime avoir confiance. Ce qui soumet le mandat à un régime particulier.

---

[32] *Taormina (G), Contribution à l'étude de l'apparence et de l'inexécution en matière contractuelle, Thèse Paris XII, 1991.*

[33] *C. Cass. ch. Civile, 5 nov.2009, BICC n°720 du 15 avril 2010 et Legifrance.*

Parce que ce contrat naît de l'accord et de la confiance entre deux personnes, on peut comprendre qu'un désaccord ou une rupture de cette confiance puisse justifier la rupture du contrat de mandat.

Pourtant, la révocation du contrat n'est pas le principe en droit commun, puisque les parties doivent normalement s'accorder pour mettre fin au contrat ; à moins qu'une inexécution puisse justifier d'une résolution de celui-ci.

Le régime juridique du mandat offre au mandant la possibilité de révoquer le mandataire, autrement dit de lui retirer les pouvoirs qu'il lui avait accordés[34]. De même, il peut arriver que, le mandant pour des raisons personnelles décide de confier la mission à un nouveau mandataire[35].

Le mandataire désigné doit être en mesure de bien accomplir sa mission, à défaut, la loi prévoit qu'à son initiative, il peut mettre fin au mandat par la renonciation du mandat[36].

---

[34] *Ainsi, l'article 2004 du Code civil français, dispose « Le mandant peut révoquer sa procuration quand bon lui semble et contraindre, s'il y a lieu, le mandataire à lui remettre soit l'écrit sous seing privé qui la contient, soit l'original de la procuration, si elle a été délivrée en brevet, soit l'expédition, s'il en a été garde minute. ».*

[35] *Voir l'article 2006 du Code civil français dispose: « la constitution d'un nouveau mandataire pour la même affaire vaut révocation du premier, à compter du jour où elle a été notifiée à celui-ci ».*

[36] *L'article 2007 du Code civil français dispose «Le mandataire peut renoncer au mandat, en notifiant au mandant sa renonciation. Néanmoins, si cette renonciation préjudicie au mandant il devra en être indemnisé par le mandataire, à moins que celui-ci se trouve dans l'impossibilité de continuer le mandat sans en éprouver lui-même un préjudice considérable ».*

En effet, si le mandataire n'a plus la possibilité, ou la volonté de continuer le contrat, il doit en informer le mandant, et la résiliation du contrat prend fin.

Le décès soit du mandant, soit du mandataire peut également mettre fin au mandat[37]. Enfin, le mandat prend fin lorsqu'il arrive à échéance telle que prévue dans le contrat. En principe, le mandat prend fin lorsque l'objet pour lequel il avait été confié est réalisé. C'est l'hypothèse du mandat spécial. Dans l'espace OAPI, l'article 8 c de l'Annexe III de l'Accord de Bangui prévoit l'obligation pour le titulaire d'une marque qui est hors de l'espace OAPI de se faire représenter par un mandataire muni d'un pouvoir sous seing privé[38].

A l'heure de la réforme de l'Accord de Bangui qui est en cours, nous pensons que le législateur devrait supprimer l'obligation faite à un mandataire de produire « un pouvoir spécial » chaque fois qu'il intervient devant l'Organisation. Etant donné que c'est elle qui organise le concours pour devenir mandataire agrée auprès de l'OAPI, délivre le titre et tient à jour la liste de tous les mandataires y inscrits. Des lors, il est plus facile nous semble t-il de vérifier de la moralité de mandataires.

---

[37] *En plus de la mort, l'article 2003 du Code civil énumère d'autres causes « ...la tutelle des majeurs ou la déconfiture, soit du mandant, soit du mandataire».*

[38] *Décision n° 00116/CSR/OAPI du 20 octobre 2008, dans l'affaire « ZILCAN». RDCSR, p.2. En l'espèce, le Directeur Général de l'OAPI avait rejeté l'enregistrement d'une marque pour irrégularité d'absence du pouvoir du mandataire ». La Commission Supérieure de Recours avait annulé cette décision de rejet pour violation de l'article 14.3) et 6) de l'annexe III.*

La profession de mandataire en propriété intellectuelle est réglementée au même titre que celle d'avocat.

Si le Barreau dans lequel un avocat est inscrit ne lui demande pas de produire un « pouvoir spécial » lorsqu'il y intervient, nous pensons que l'OAPI pourrait appliquer le même principe pour faire l'économie de contentieux devant la Commission Supérieure de Recours. Rappelons que le dispositif de l'article 8 est complété par un Règlement qui régit l'exercice de la profession[39].

S'agissant de la République Démocratique du Congo, l'article 18 de la loi de 1982 prévoit un dispositif similaire à celui de l'Accord de Bangui[40].

En principe, le recours au mandataire est facultatif pour le déposant national (sa nationalité est indifférente) dans le territoire de l'OAPI et obligatoire pour le déposant domicilié hors du territoire de l'espace OAPI.

L'article 2 du Règlement dispose qu' : « On entend par Mandataire toute personne physique ou morale habilitée à agir sur mandat, à titre professionnel ou non, pour le compte d'une personne physique ou morale, en vue d'effectuer auprès de l'Organisation Africaine de la Propriété Intellectuelle des opérations de propriété industrielle ».

La profession de mandataire est réglementée selon les règles qui régissent les professions libérales[41].

---

[39] *Résolution n°48/13 du décembre 2008 de la 4e session du Conseil d'Administration.*

[40] *Article 18 de la loi du 07 janvier 1982 dispose que « Les déposants non Congolais, domiciliés à l'étranger, sont tenus de faire élection de domicile auprès d'un mandataire Congolais établi en République Démocratique du Congo et d'agir par son intermédiaire».*

Le mandataire dont le Règlement fait allusion est un professionnel, porteur d'un *Agrément* délivré par le Directeur Général de l'OAPI à l'issue d'examen organisé par l'Organisation. Les articles 2 à 20 du Règlement susvisé posent notamment les conditions de forme ainsi que les conditions de fond que le mandataire doit remplir.

Il convient de souligner que l'exercice de la profession de mandataire auprès de l'OAPI n'est accessible qu'à des ressortissants ou résidents des Etats membres[42].

L'article 17 alinéa 1 du Règlement ne prévoit pas de restriction sur la nationalité ou sur la base du principe de réciprocité, de sorte qu'un « étranger » résident peut exercer la profession dans l'espace OAPI.

Bien que le Règlement ne le prévoit pas expressément, les obligations professionnelles du mandataire OAPI, sont les mêmes que celles qui régissent la profession d'Avocats[43].

S'agissant de l'organisation de la profession, le Règlement limite le nombre des mandataires à Cinq dans le territoire de l'un des Etats membres de l'OAPI, au-delà, ceux-ci peuvent s'organiser en association ou en groupement[44].

Il convient de noter qu'actuellement, l'accès à la profession est subordonné à l'admission au concours organisé par le Directeur Général de l'Organisation.

---

[41] *Article 3 du Règlement dispose que: La profession de mandataire est une profession libérale organisée par le présent texte et les règles qui régissent les professions libérales. Toutefois en cas de conflit, les dispositions du Règlement sur la profession de mandataire prévaudront sur tout texte national régissant les professions libérales.*

[42] *Article 17 du Règlement du Conseil d'Administration.*

[43] *Voir les articles 24 a 30 du Règlement-Op.cit.*

[44] *Articles 31 à 33 du Règlement.*

Quant au régime disciplinaire de la profession, il relève de la compétence du Directeur Général de l'OAPI qui peut être saisi soit par l'autorité publique, soit par le déposant ou par des tiers[45].

Le mandataire agrée auprès de l'OAPI est un professionnel libéral. Or, la profession est accessible également à de non juristes. En pratique, on observe que la plupart des sociétés professionnelles de mandataires sont intégrées dans les cabinets d'Avocats. Le Règlement OAPI est plus complet et plus moderne au regard des évolutions et de besoin des déposants.

La loi Congolaise du 07 janvier 1982, tout en prévoyant un régime similaire, se distingue de l'Accord de Bangui ainsi que de son Règlement d'application susvisés. En effet, le dispositif de base est constitué dans les articles 19 à 21 de ladite loi.

De manière générale, les conditions d'accès à la profession de mandataire sont à peu près les mêmes de celles prévues par l'Accord de Bangui[46].

---

[45] *Articles 34 à 43 du Règlement –Op.cit.*

[46] *Article 19 dispose que: Les mandataires en propriété industrielle doivent être préalablement agrées, en raison de leur honorabilité, moralité et compétence en la matière, par l'autorité compétente ou son délégué. Cet agrément peut être retiré à tout moment en cas de manquement grave. Le ministère ayant la propriété industrielle dans ses attributions tient et publie régulièrement la liste des mandataires agréés ou radiés. Cette liste mentionne les noms et adresses desdits mandataires ».*

En République Démocratique du Congo, c'est le Ministre en charge de la propriété industrielle dans ses attributions qui reçoit les demandes, examine et délivre l'Agrément de mandataire en propriété industrielle[47].

Bien que la loi soit silencieuse en ce qui concerne le mode d'exercice, la plupart des mandataires agrées en République Démocratique du Congo sont des Avocats inscrits dans l'un des barreaux du pays.

Il existe de fait un « monopole » par les juristes. Ceci à notre avis, s'explique par le fait que la réglementation en vigueur exige d'abord l'exercice à titre libéral, d'autre part des connaissances approfondies dans le domaine de la propriété industrielle[48].

En France, les tentatives de fusion des professions d'avocat et du Conseil en propriété industrielle avaient échouées en décembre 2009, après les contestations répétées des avocats notamment, à propos des modes et des attributions reconnus aux deux professions.

Une fois que les conditions de forme et de fond ont été remplies, il est nécessaire d'envisager le dépôt de la demande (§2).

---

[47] *Voir : Loi 82-001 du 7 janvier 1982 régissant la propriété industrielle, J.O.Z., n°2, 15janvier 1982, p.9*

[48] *Article 20 de la loi du 7 janvier 1982.*

§2 : Le dépôt de la demande d'enregistrement

Le dépôt est défini comme l'acte par lequel une personne physique ou morale, demande à l'Administration d'enregistrer un signe afin qu'il devienne une marque dont il sera le légitime propriétaire avec toutes les conséquences qui en découlent[49]. Selon l'article L.712-1 du Code Français de la propriété intellectuelle qui reprend les dispositions de l'article 5 de la loi du 4 janvier 1991 : « la propriété de la marque s'acquiert par l'enregistrement.[50] »

Pour M. Bertrand, en principe, l'acquisition d'une marque ne se limite pas seulement à l'usage[51]. Bien sûr, l'usage soit également admis commis constitutif d'un droit sur une marque.

Une fois déposée, le titulaire acquiert un droit exclusif d'exploitation sur la marque. Concernant le dépôt, le principe est qu'une seule demande par marque.

Le dépôt doit être en mesure de fournir des renseignements nécessaires à l'examen et être accompagné des pièces ainsi que de la preuve de paiement des redevances.

S'agissant de l'espace OAPI, l'article 8 de l'Annexe III de l'Accord de Bangui énumère une liste des pièces à joindre.

---

[49] *Vigier (Claudette), Le dépôt et l'enregistrement des marques de fabrique, de commerce et de service selon la loi du 31 décembre 1964, Thèse Paris II, 1977.*

[50] *Bertrand (A.R.), Droit des marques, signes distinctifs- noms de domaine, Dalloz, deuxième édition 2005,p.130*

[51] *Op. cit-page 130*

Aux termes de l'Instruction Administrative n°401, le dossier de demande de certificat d'enregistrement doit comprendre : « i) la demande adressée au Directeur Général de l'Organisation en quatre exemplaire ; ii) la pièce justificative du versement à l'Organisation de la taxe de dépôt ;

iii) un pouvoir sous seing privé, sans timbre, si le déposant est représenté par un mandataire ;

iv) la reproduction de la marque comportant l'énumération des produits ou des services auxquels s'applique la marque et des classes correspondantes de la classification internationale des produits et services aux fins de l'enregistrement des marques ; v)Le règlement d'utilisation, s'il s'agit d'une marque collective. »

La loi Congolaise prévoit les dispositions similaires pour le dépôt de la demande d'enregistrement de la marque. Ces dispositions sont énumérées aux articles 134 à 137 de la loi du 7 janvier 1982. Comme nous l'avons signalé précédemment, le dispositif s'applique aussi bien au dépôt de demande d'enregistrement de brevet qu'à la marque.

Tout dossier de demande d'enregistrement d'une marque doit comporter la désignation des produits ou services (A), ces pièces permettront de procéder à l'examen de la demande (B), c'est la date du dépôt de la demande qui est prise en compte pour la marque (C).

A. La désignation des produits ou services

L'Annexe III de l'Accord de Bangui en son article 13 dispose que pour la recevabilité, le dossier de demande d'enregistrement doit également comporter les informations telles que « : a) les indications concernant le nom, l'adresse, selon les exigences usuelles, la nationalité ainsi que le domicile du déposant ;

b) la signature, s'il s'agit d'une personne morale, l'identité et la qualité du signataire doivent être indiquées ; c) les produits ou les services auxquels s'applique la marque en cause ; d) des indications relatives au paiement de la taxe de dépôt ; e) s'il y a constitution de mandataire, la demande doit le déclarer et indiquer ses nom et adresse. »

Il est possible qu'au moment du dépôt que le déposant fournisse la preuve du droit de priorité ; si une demande a déjà été déposée antérieurement, le cas échéant.

Une demande d'enregistrement de marque doit réunir des éléments constitutifs tels que prévus dans le formulaire (M301) que l'OAPI met gratuitement à la disposition des déposants selon les cas, auprès des Structures nationales de liaison (SNL), sur son site internet ou au siège de l'Organisation.

Rappelons que la demande s'effectue toujours en Quatre exemplaires. De plus, le déposant national ou le cas échéant, son mandataire doit indiquer dans la case et les rubriques indiquées toutes les mentions ci-après : i) La dénomination de la marque et / ou sa reproduction ;

ii) le nom, l'adresse, le pays de domicile et la nationalité du déposants il y a pluralité des déposants, de chacun d'eux ; iii) la liste des produits auxquels s'applique la marque ainsi que l'indication des classes selon la Classification de Nice dont la valeur n'est qu'administrative ; iv) les indications relatives au paiement des redevances ; v) dénomination(s) ou raison(s) sociale(s)/nom et prénoms, adresse, téléphone et email du mandataire ;

vi) si le déposant souhaite revendiquer, il devra mentionner le numéro(s)et date(s)de revendication, le pays d'origine de la revendication ; vii)les couleurs revendiquées. Le déposant doit dument remplir et signer et dater le formulaire de demande.

En principe, la marque ne protège que les produits de service figurant dans la demande d'enregistrement[52].

La jurisprudence considère que, pour éviter tout problème, la revendication des produits et services pour lesquels la protection est demandée doit être très précise et comporter, une formule générale comprenant tous les produits ou services d'une classe en reprenant de préférence l'énumération réglementaire ainsi qu'une formule spéciale indiquant, le cas échéant, les produits ou services spécifiques intéressant le déposant[53]. Le droit de priorité ne s'applique pas à une première demande d'enregistrement de marque. Il s'agit d'un droit reconnu à un déposant qui a fait un dépôt dans un ou plusieurs pays membres de la Convention de Paris, de se prévaloir ce (s) dépôt(s) à compter de cette date pour effectuer les dépôts dans d'autres pays membres de ladite Convention et d'en avoir la priorité par rapport à d'autres déposants qui revendiqueraient la même la marque.

L'article 6 de la Convention de Paris prévoit un délai de priorité de Six mois, à compter du premier dépôt régulier dans un pays de l'Union.

---

[52] *Bertrand (A.R.), Droits des marques, signes distinctifs-noms de domaine, Dalloz deuxième édition, 2005, p.134.*
[53] *C.cass.com, 6 juin 1985, JCP, Cl.1987, II, 14875.*

S'agissant de l'espace OAPI, les dispositions sont prévues dans l'article 11 de l'Annexe III de l'Accord de Bangui[54].

Le document de priorité fourni est une copie non certifiée conforme. Or, la priorité n'est valablement revendiquée que si une copie certifiée conforme de la demande antérieure est jointe à la demande d'enregistrement ou parvenue à l'Organisation au plus tard dans un délai de Trois mois à compter du dépôt à l'OAPI.

En cas de non respect de ce délai de trois mois, toute revendication de priorité est déclarée irrecevable. La marque sera alors enregistrée sans tenir compte de la priorité.

Notons qu'une jurisprudence abondante soutient que la protection de la marque s'étend également, par le jeu de la règle de la spécialité, aux produits et services similaires,[55] ou complémentaire à ceux faisant l'objet de l'enregistrement, « quand il peut en résulter une confusion dans l'esprit de la clientèle[56] ».

Cependant, cette position française sur l'appréciation de la similarité en matière de produits et services est opposée à celle de la Cour de Justice des Communautés Européennes (CJCE) qui l'a exprimée en procédant à sa modification dans son *arrêt Canon*[57].

---

[54]*A cet effet, celui qui revendique le droit de priorité est tenu de déposer cette pièce justificative à l'OAPI, dans un délai ne* dépassant pas Six mois, à compter de la taxe de la priorité. Une taxe est prévue pour chaque priorité revendiquée.

[55] *TGI Paris, 3 oct. 1985, RDPI 1986, n°3,p. 130.*

[56] *CA Paris, 4e ch., 9 mai 1983, Gaz. Pal. 1985, 2 som. 258 – TGI Paris, 3e ch., 30 janv.1991, PIBD 1991,357.*

[57] *CJCE, 29 sept. 1998, PIBD 1999, III, 28.*

Etant donné que la validité de la marque ne porte que sur les produits et services mentionnés dans la demande d'enregistrement ainsi que les produits similaires, il est fortement conseillé d'éviter d'y insérer certains termes qui pourraient vider le dépôt de sa spécialité.

Le déposant a la possibilité de réduire ou d'étendre la liste des produits ou services avant l'acte d'enregistrement. Une telle indication additionnelle jugée irrégulière doit être notifiée, corrigée et est assortit au paiement d'une taxe supplémentaire. Le déposant est tenu à procéder à toute modification éventuelle avant l'acte d'enregistrement et qu'à défaut, la sanction serait soit la radiation pour cause de non exploitation du signe, soit que l'extension des produits ou services serait constitutive de l'usage de la marque.

Ceci s'explique par le fait que les produits ajoutés ne figurent pas dans l'acte de dépôt, prive le titulaire de tout droit sur ceux-ci.

Nous avons dit précédemment que le déposant a la possibilité de modifier (réduire ou étendre) la liste des produits avant l'enregistrement. La question est de savoir à quel moment une telle opération est-elle possible ? C'est lors de l'examen de la demande (B).

B. L'examen de la demande

Il s'agit de la phase la plus importante de dépôt de la demande d'enregistrement de marque. D'abord, il se fait partiellement sur le fond, c'est-à-dire savoir si le déposant a bien remplit le formulaire de demande et puis sur la forme, s'assurer que la marque est valable.

L'examen de la demande se fait suivant une procédure qui, généralement commence à la réception de la demande d'enregistrement de marque. Selon les articles *6ter* de la Convention de Paris et 3(e) de l'Annexe III de l'Accord de Bangui, « l'Organisation doit rejeter les signes qui seraient exclus, sauf autorisation de l'autorité compétente de cet Etat ou de cette organisation.

Il pourrait s'agir des armoiries, drapeaux ou autres emblèmes et des signes officiels signalés par les Etats membres de l'Union au Bureau de l'OMPI. »

Toute irrégularité est notifiée au déposant, qui dispose d'un délai de 30 jours pour la corriger. Selon les cas, soit le déposant se rend compte que sa demande n'aura pas besoin d'une réservation aussi étendue, soit le déposant s'aperçoit que certains des produits ou services désignés pourraient être radiés en cas de procédure d'opposition, la régularisation consistera à réduire la liste des produits ou services. Dans d'autres cas, le déposant souhaite étendre la liste des produits ou services au cours de la phase d'enregistrement.

Soulignons que l'irrégularité peut être aussi due pour défaut d'un exemplaire de la demande d'enregistrement, absence de pièce justificative du paiement de la taxe de dépôt, d'absence des mentions relatives à l'identification du déposant, au modèle de la marque voire à l'absence d'énumération des produits ou services.

L'Accord de Bangui dans son article III est muet quant au paiement d'une taxe additionnelle lors de l'extension de la liste des produits ou services au cours de l'enregistrement. Nous pensons que le fait que cela ne soit pas interdit, l'Annexe III laisse un pouvoir d'appréciation à l'autorité en charge de l'examen de la demande d'enregistrement.

Une lecture de la loi Congolaise de 1982 nous montre que les deux législations sont similaires quant à l'examen de la demande d'enregistrement de marque.

De même, ladite loi Congolaise ne dit pas explicitement si le déposant doit payer une taxe supplémentaire pendant l'examen de la demande d'enregistrement de marque.

En revanche, en droit Français, jusqu'au moment des préparatifs techniques relatifs à l'enregistrement, le déposant peut être autorisé, sur requête justifiée à rectifier, moyennant le versement d'une taxe, les erreurs matérielles relevées dans les pièces du déposant[58].

Dans le cas où les pièces régularisées ne sont pas fournies dans le délai imparti, la demande d'enregistrement de la marque est rejetée.

Lorsque l'Organisation constate que les conditions visées à l'article 14 alinéa 1) de l'Annexe III sont remplies, elle enregistre la marque et publie l'enregistrement. Ces données sont insérées au registre spécial des marques.

Tout intéressé ou le titulaire d'une marque déposée ou enregistrée antérieurement pour produits identiques ou similaires ou le titulaire d'une marque notoire peut faire opposition à la demande d'enregistrement auprès de l'Organisation.

Une procédure contradictoire est alors instaurée, au terme de laquelle intervient la décision : Soit l'opposition est reconnue justifiée, la demande d'enregistrement de marque est rejetée ; soit elle ne l'est pas, la marque est enregistrée.

[58] *Article R.712-20 du Code de la propriété intellectuelle.*

Il convient de noter qu'aux termes de l'Annexe III, la décision de l'Organisation sur l'opposition est susceptible de recours auprès de la Commission Supérieure de Recours pendant un délai de trois mois à compter de la réception de la notification de cette décision aux intéressés.

S'agissant de la loi Congolaise de 1982, aucune disposition n'est prévue quant à l'exercice du principe du contradictoire. Tous les pouvoirs sont concentrés entre les mains du ministère en charge de la propriété industrielle ou de son délégué. Seul habilité à prendre toute décision de rejet ou de délivrance de certificat d'enregistrement de marque.

Il n'est pas exclu qu'en cas de décision de rejet, le déposant lésé soit dans l'obligation de solliciter un réexamen de sa décision.

En matière de voies de recours, une telle action relèverait plus d'une voie de recours gracieux que d'un recours en annulation. Car, il est difficile de demander à une autorité qui prend une décision de l'annuler, dans une situation où elle est juge et partie.

A notre sens, cette situation appelle deux observations :

D'une part, l'absence d'un organe supérieur « juridictionnel » chargé d'apprécier de la légalité de décisions du ministère en charge de la propriété industrielle, constitue une véritable source d'insécurité juridique pour le bon climat des affaires en République Démocratique du Congo[59].

---

[59] *Le ministère en charge de la propriété industrielle est compétent pour connaitre des litiges en contrefaçon et concurrence déloyale. Voir en ce sens, la décision du ministre de l'industrie dans l'affaire « Bataille des brasseurs autour d'un logo » avec plainte jusqu'au sommet de l'Etat : Le ministre de l'industrie déboute la*

D'autre part, le fait que le juge Congolais ne soit pas régulièrement saisi de telles actions explique malheureusement, à l'instar des Etats membres de l'OAPI, de l'absence quasi totale de jurisprudence en matière de propriété industrielle. En effet, aux termes de la loi du 07 janvier 1982, le ministère en charge de la propriété industrielle est habilité à connaître des litiges en matière de contrefaçon et de concurrence déloyale conjointement. En pratique, il n'est pas rare de voir les décisions faire la Une de la presse nationale. C'est ce qui ressort de l'affaire de la « *Bataille autour d'un logo entre les deux brasseurs* ».

En l'espèce, le ministre en charge de l'industrie et des PME a décidé que « Le recours au même logo avec « tête de lion » sur le même produit, la bière, constitue, dans le chef de la société Bralima Sarl, aux termes de la loi 82-001 du 7 janvier 1982, régissant la propriété industrielle, spécialement à son article 119,alinéa 2, et de l'Ord-loi n°041/63 du 24 février 1950 sur la concurrence déloyale, article 1er, un acte de contrefaçon.[60] ».

La loi de 1982 est lacunaire et viole certains principes fondamentaux du droit.

D'où, l'urgence de l'adoption par le parlement Congolais d'une loi plus moderne conforme aux engagements internationaux auxquels la RDC est partie. C'est lors du dépôt de la demande d'enregistrement de marque que l'on prend en compte la date de dépôt.

---

requête de Bralima», Digitalcongo.net du 02 juin 2008 (http : www.digitalcongo.net/article/51731.)

[60] *Lettre du ministre à l'ADG de la Bralima: N.réf.465/03/CAB/MN/PME/2008 du 25 mars 2008.*

Le droit de marque naît et produit alors ses effets pendant une période de dix ans, avec possibilité d'être maintenu en vigueur indéfiniment, par le renouvellement des dépôts successifs. Ainsi, la marque « *Coca-Cola* » a plus de Cent ans.

Mais pour conserver son monopole, le propriétaire doit exploiter sa marque et celle-ci ne doit pas perdre son « caractère distinctif » par usage généralisé ou par dégénérescence[61].

La jurisprudence confirme l'importance du caractère distinctif de la marque lorsqu'elle affirme que « La marque n'est pas une création dont le monopole est nécessairement limité dans le temps afin de ne pas nuire au progrès technique et économique, mais un signe d'identification dont l'appropriation provient d'une occupation ;

Cette occupation doit durer aussi longtemps que l'occupant l'estime nécessaire pour distinguer les produits ou les services auxquels s'applique la marque. Le droit sur la marque a donc vocation à la perpétuité.

La limitation à dix ans de la durée d'enregistrement n'est qu'une mesure d'ordre imposée pour éviter l'encombrement des registres publics par des signes abondants de leur titulaire »[62].

Le déposant national ou son mandataire muni du dépôt de demande d'enregistrement doit effectuer toutes les formalités requises auprès de l'organisme habilité à recevoir la demande.

---

[61] *Bertrand (A.R.), Droit des marques: signes distinctifs-noms de domaine, Dalloz 2006, p.150.*
[62] *CA Paris, 4e ch., 19 mai 1993, JBS, PIBD 1993, III, 687.*

Section II. L'organisme habilité à recevoir la demande

Examinons la manière d'effectuer ces formalités à l'OAPI (§1) ainsi qu'en République Démocratique du Congo (§2).

§1 : S'agissant du dépôt de la demande effectué à l'OAPI

L'Accord de Bangui prévoit deux voies permettant à tout déposant national ou son mandataire d'effectuer un dépôt de demande d'enregistrement. Il s'agit d'une part, de celle prévue par l'article 10 de l'Annexe III.

Dans le cas précis, la demande d'enregistrement de la marque est déposée ou adressée par pli postal au Ministère en charge de la propriété intellectuelle de l'un des Etats membres de l'Organisation.

Le ministère a pour mission de transmettre les pièces à l'Organisation dans un délai de Cinq jours ouvrables à compter de la date de dépôt[63]. Telle est l'une des missions de la Structure Nationale de Liaison (A).

L'autre voie, est celle du dépôt direct par lequel le déposant national ou son mandataire choisit de déposer personnellement à l'OAPI ou de transmettre par voie postale (B).

A. Le dépôt effectué à la Structure Nationale de Liaison

C'est en application de la décision du Conseil d'Administration de l'OAPI d'octobre 1981, que les Etats membres ont mis en place, chacun un bureau de relais en vue de rapprocher les usagers des services de l'Organisation. Selon les Etats, les appellations diffèrent, il peut s'agir soit du bureau, soit de l'office, etc.

---

[63] *Article 10 alinéa 3 de l'Annexe III de l'Accord de Bangui Révisé.*

La Structure Nationale de Liaison a pour missions d': - Assurer la liaison avec l'OAPI et collaborer étroitement avec toutes les Organisations chargées des questions de propriété industrielle ;- Faciliter l'accès des utilisateurs nationaux aux services rendus par l'OAPI ; - Suivre les questions de propriété industrielle de l'Etat, ainsi que l'application des Conventions Internationales en matière de propriété industrielle auxquelles l'Etat a adhérés ; - Conseiller les déposants, recevoir et transmettre les demandes de protection à l'OAPI ;

-Gérer la documentation relative à la propriété industrielle ; - Vulgariser le droit de la propriété industrielle ; -Promouvoir et valoriser les activités inventives et innovatrices ; -Diffuser les informations relatives aux innovations technologiques[64].

De manière concrète, le rôle de la SNL auprès des utilisateurs du système de propriété industrielle consiste à les conseiller et à leur donner des indications au sujet du type de protection appropriée et adaptée à leurs créations et de la manière de remplir les formulaires ou de présenter les dossiers pour que ceux-ci soient acceptés par la Direction Générale de l'OAPI[65].

La SNL assure ensuite la transmission des demandes de protection à l'OAPI seule habilitée à examiner et à délivrer les différents titres de protection (Brevet, certificat d'enregistrement etc.)

La SNL a également le devoir de rappeler aux déposants le délai de protection de leurs œuvres, l'obligation de payer les annuités (taxes de maintien en vigueur) sous peine d'être déchus de leurs droits.

---

[64] *Voir "Présentation de la Structure Nationale de Liaison avec l'OAPI", OAPI Magazine n° 013, édition août 2011.*
[65] *Op.cit.*

Enfin, elle diffuse auprès des usagers toutes autres informations qu'elle détient ou en provenance de l'OAPI ou de quelques autres partenaires.

Tout dépôt y effectué par courrier et transmis à l'adresse du Directeur Général de l'Organisation, soit déposé dans une boîte à lettres expressément prévue durant les jours fériés et, en dehors des heures de travail après 15h30.

Le déposant ou son mandataire peut dans d'autres cas effectuer personnellement le dépôt de demande d'enregistrement auprès de l'OAPI.

B. Le dépôt effectué directement à l'OAPI

D'une manière générale, le déposant ou son mandataire peut effectuer le dépôt de la demande d'enregistrement de marque auprès du Guichet Unique, par courrier adressé au Directeur Général, soit dans une boîte aux lettres expressément prévue à cet effet les jours fériés et en dehors des heures d'ouverture après 15h30.

C. L'enregistrement international de marques grâce au système de Madrid

L'Organisation Africaine de la Propriété Intellectuelle a franchit une étape dans la modernité de son système d'enregistrement en adhérant le 05 décembre 2014 au Protocole relatif à l'Arrangement de Madrid lequel prévoit un système d'enregistrement international de marques. Elle devient ainsi le Quatre-vingt-treizième membre du système de Madrid. Entrée en vigueur le 05 mars 2015, il est depuis, possible de désigner la « zone géographique »OAPI au sein d'un enregistrement international de marques, grâce à un dépôt ou à une désignation postérieure, auprès de l'Organisation mondiale de la propriété intellectuelle (OMPI).

1) L'originalité du système dit de Madrid

Le système de Madrid concernant l'enregistrement international des marques est un traité administré par le Bureau international de l'Organisation mondiale de la propriété intellectuelle (OMPI) à Genève. Il a été établi en 1881 et est régi par l'Arrangement de Madrid (1891) et le Protocole de Madrid (1989). Le protocole est en application depuis 1996 et a été ratifié par de nombreux pays du monde entier parmi lesquels la plupart des pays européens, les Etats-Unis, l'Australie, la Chine, la Russie, l'Union européenne et récemment l'OAPI. A ce jour, l'Union de Madrid regroupe 95 membres. L'objectif du Protocole est double en ce que d'un côté, il facilite l'obtention de la protection des marques (marques de produits et marques de services) et de l'autre, la mesure où l'enregistrement international équivaut à un ensemble d'enregistrements internationaux, l'administration ultérieure de la protection est facilitée. En d'autres termes, il n'y a qu'un seul enregistrement à renouveler et les modifications peuvent être inscrites au registre international en une seule formalité.

2) Les avantages du système de Madrid

Le système de Madrid offre des avantages (3) non négligeables au déposant à savoir :

-C'est un système pratique. En ce sens que la procédure centralisée de dépôt et de gestion. Grâce au système de Madrid, une seule demande internationale unique, en une seule langue (Français, Anglais, Espagnol) et ne payer qu'une seule série de taxes ;

-C'est un système économique. Une demande internationale équivaut à un dépôt global (demandes nationales) ce qui représente une économie de temps et d'argent pour le déposant ;

-Il assure une couverture géographique étendue, permet de protéger une marque simultanément sur le territoire de 95 membres, y compris l'OAPI.

Selon l'OMPI, les 95 membres de l'Union de Madrid représentent plus de 80% du commerce mondial.

§2 : S'agissant de la demande effectuée en République Démocratique du Congo

La loi Congolaise de janvier 1982 prévoit des dispositions similaires à l'Accord de Bangui quant aux voies de dépôt demande d'enregistrement de marque. Il peut s'agir soit du dépôt effectué auprès de l'administration provinciale (A), soit du dépôt effectué directement à l'office des marques (B).

A. Le dépôt effectué à l'administration provinciale

L'article 24 alinéa 2 de la loi du 07 janvier 1982 dispose que « Les services *ad hoc* » de l'administration régionale peuvent, en ce qui les concerne, enregistrer les demandes relatives aux dépôts pour les transmettre ensuite au ministère ayant la propriété industrielle dans ses attributions suivant les conditions et modalités à déterminer par les mesures d'exécution de la présente loi[66] ».

Bien qu'elle ait fait mention de la possibilité pour le déposant d'effectuer sa demande d'enregistrement, la loi n'est pas claire en ce qui concerne l'organisme habilité à recevoir le dépôt de demande d'enregistrement. La lecture du dispositif donne l'impression qu'il est provisoire et qu'une structure de liaison devrait être créée dans chaque province du pays. D'autre part, la loi ne précise pas le délai de transmission du

[66] *Article 24 alinéa 2 de la loi du 7 janvier 1982 relative à la propriété industrielle, J.O.Z., n° 2, 15 janvier 1982, p.9*

dépôt de la demande d'enregistrement vers l'office des marques à Kinshasa.

En pratique, du fait des certaines difficultés logistiques à l'intérieur du pays, on observe que les déposants ou leurs mandataires préfèrent plutôt adresser directement leurs dépôts de demande de marque au ministère ayant la propriété industrielle dans ses attributions.

B. Le dépôt effectué directement au ministère de l'industrie et des PME

Soulignons qu'en République démocratique du Congo, il n'existe pas d'office spécialisé en matière de propriété industrielle.

C'est un service du ministère de l'Industrie et des Petites et Moyennes Entreprises qui procède à l'examen de dépôt de la demande d'enregistrement de marque.

La loi ajoute que « Le ministère ayant la propriété industrielle dans ses attributions établit un Procès-verbal où sont mentionnés, outre la preuve de paiement de la taxe de dépôt et celle de la première annuité, le jour, le mois, l'année, l'heure et la minute auxquels la demande ainsi que les pièces qui l'accompagnent ont été réceptionnées.

Si le dépôt se fait en mains propres, le procès-verbal est contresigné par le déposant qui en reçoit copie »[67].

En principe, la loi opère une distinction quant au délai d'examen du dépôt de la demande d'enregistrement à savoir :
- Trois mois pour les demandes effectuées à partir du territoire national et -Cinq mois pour les demandes en provenance de l'étranger. Une fois de plus, on observe une

[67] *Article 25 de la loi du 7 janvier 1982.*

incohérence des dispositions des articles 18 et 28 de ladite loi.

A notre sens, dès lors que la loi exige à tout déposant domicilié à l'étranger à élire domicile auprès d'un mandataire agréé, la distinction quant à l'origine de demandes nous parait sans objet. En pratique, on observe que tous les dépôts de demande d'enregistrement sont examinés de façon égale.

En plus des conditions de forme que nous venons d'étudier, le dépôt de la demande d'enregistrement de marque doit remplir les conditions de fond (chapitre 2).

Chapitre II

Les Conditions de fond d'enregistrement d'une Marque

Pour être enregistrée ou, une fois enregistrée, être considérée en justice comme valable, la marque doit être constituée d'un signe remplissant, outre l'exigence de possibilité de représentation graphique, un certain nombre de condition de fond[68]. Toutes ces caractéristiques s'apprécient au dépôt de demande d'enregistrement de marque d'une part (section 1), d'autre part, la marque doit remplir les conditions de validité (section 2).

Section I. Les caractéristiques des signes susceptibles de constituer une marque

Nous allons les examiner selon que la demande a été déposée à l'OAPI (§1) ou qu'elle a été effectuée en République démocratique du Congo (§2).

§1 : La demande déposée à l'OAPI

Le signe peut être défini comme la forme que peut prendre ou que l'on veut donner à une marque.

S'agissant des signes admis en tant que marque, l'article 2, alinéa 1 de l'Annexe III opère une énumération détaillée de sorte que « Sont considérées comme marque de produits ou de services, tout signe visible utilisé ou que l'on se propose d'utiliser et qui, sont propres à distinguer les produits ou services d'une entreprise quelconque et notamment, les noms patronymiques pris en eux-mêmes ou sous une forme distinctive,

---

[68] *Passa (Jérôme), Traité de la Propriété Industrielle : Marques et autres signes distinctifs ; Dessins et modèles, tome1, 2 édition, L.G.D.J 2009, p.97*

les dénominations particulières, arbitraires ou de fantaisie, la forme caractéristique du produit ou de son conditionnement, les étiquettes, enveloppes, emblèmes, empreintes, timbres, cachets, vignettes, lisérés, combinaisons ou dispositions de couleurs, dessins, reliefs, lettres, chiffres, devises, pseudonymes ».

De cette énumération, nous pouvons classer les marques en deux groupes à savoir : les marques nominales (A) et les marques figuratives (B).

A. Les marques nominales

Les marques nominales consistent en des termes qui ont ou non une signification, susceptibles d'être vus ou entendus parce qu'ils s'écrivent et se prononcent[69].

Même un mot du langage courant peut très bien être choisi comme marque pourvu qu'il soit suffisamment détaché des produits ou services qu'il désigne. Ainsi, les marques nominales suivantes ont été enregistrées : « n°5 », « petit bateau ».

Le nom patronymique peut être choisi comme marque et plus généralement comme signe distinctif, soit que le déposant retient son propre patronyme, soit celui d'un tiers. Il n'en demeure pas moins qu'un tel choix peut présenter certains risques, notamment les pertes éventuelles du contrôle de l'usage commercial de son nom, les conflits avec les tiers homonymes.

---

[69] *Chavannes (A.) et Burst (J-J.), Droit de la Propriété Industrielle, Dalloz 1990, p.532.*

En principe, lorsque le patronyme est utilisé comme signe distinctif, il perd sa nature extrapatrimoniale et n'est plus protégé dans sa fonction commerciale en tant qu'un attribut de la personnalité.

Ainsi, la jurisprudence considère que le contrat par lequel le tiers autorise l'usage de son patronyme comme signe distinctif n'est pas contraire aux règles d'ordre public sur l'inaliénabilité du patronyme[70]. De même, le consentement donné par le tiers qui porte un patronyme notoirement connu est cependant un consentement limité.

Dans une affaire qui avait alimenté la chronique judiciaire Parisienne, la Haute Cour n'a-t-elle pas estimé que lorsque M. Alain Ducasse a autorisé la société dans laquelle il est associé, à faire usage de son patronyme comme dénomination sociale, il n'est pas présumé avoir consenti ou renoncé à son droit patrimonial sur son patronyme pour les autres exploitations commerciales et notamment sous forme de marque[71].

Bien qu'il soit admis de déposer le patronyme d'un tiers, il est obligatoire d'obtenir son autorisation. A défaut, les juges peuvent admettre l'existence d'une atteinte aux droits de la personnalité.

En pratique, la jurisprudence se montre exigeante pour l'atteinte. De sorte que l'usage du patronyme n'affecte les droits de la personnalité que si, dans l'esprit du public, il existe un risque de confusion susceptible de causer un préjudice au tiers concerné.

[70] *Voir arrêt Bordas, C. cass., com.,12mars 1985 : D.85 ;II,471,note J. Ghestin.*

[71] *C.Cass.com., 6 mai 2003: D.2003, II, 2228, note G. Loiseau.*

C'est notamment l'hypothèse dans laquelle le risque de confusion amène les consommateurs à penser que les produits marqués ont été fabriqués ou distribués par le titulaire du nom en cause. La jurisprudence n'admet le préjudice que si, le patronyme utilisé comme marque, est notoirement connu. C'est le cas des patronymes de célébrités ou historiques.

C'est le sens d'un arrêt dans lequel *Foujita ou Noailles* ont pu faire annuler les dépôts de marque homonyme ; ce qui n'a pas été possible pour l'homonyme M.DOP à propos d'une marque de shampoing[72].

B. Les marques figuratives ou emblématiques

Ce sont des signes qui s'adressent d'abord à la vue. La loi énumère ces signes parmi lesquels : les dessins, étiquettes, lisières, reliefs, hologrammes, logos, image de synthèse, les formes du produit, son conditionnement, les formes caractérisant un service, les combinaisons ou nuances de couleurs. Ainsi, ils peuvent être à deux dimensions ou à trois dimensions : la forme et le conditionnement du produit, lorsqu'ils constituent la marque, doivent être arbitraires, c'est-à-dire ne pas avoir de lien avec la nature du produit ou sa fonction. Ceci, afin de permettre le droit de la concurrence de s'exercer pleinement.

C. Les marques complexes

Elles sont la combinaison de plusieurs éléments. Il peut arriver que ces éléments soient de nature différente, de la combinaison d'éléments verbaux et d'éléments figuratifs. A titre d'exemple, un mot choisi comme signe distinctif peut faire l'objet d'un graphisme particulier.

---

[72] *C. Cass. Civ., I 26 mai 1970, D. 70, p. 520*

Il y a combinaison au verbe, le dessin, la couleur ou la forme. Dans d'autres cas, les marques sont composées d'éléments de même nature qui, pris isolement ne sont pas protégeables.

A titre d'exemple, la forme d'une bouteille, une couleur particulière identifiant peuvent constituer une marque figurative.

Signalons que la jurisprudence admet l'opposition existant entre les marques figuratives à deux dimensions aux marques tridimensionnelles lesquelles sont de trois sortes à savoir, celles constituées par la forme même du produit, par la forme du conditionnement du produit et par la forme caractérisant le service[73].

L'Accord de Bangui a des similarités avec la loi Congolaise de 1982. On va tenter d'examiner ces points similaires à partir de la demande effectuée en République démocratique du Congo (§2).

§2 : La demande effectuée en République Démocratique du Congo

Les articles 128 et 132 de la loi du 7 janvier 1982 énumèrent les signes pouvant faire l'objet d'une marque.

A. Les signes figuratifs

Il s'agit notamment de tout signe distinctif qui permet de reconnaître ou d'identifier divers objets ou services d'une entreprise quelconque. Par ailleurs, l'article 132, alinéa 1 dispose que « peuvent servir de marques tous les signes matériels répondants au prescrit de l'article 128, entre autres : un nom ou une dénomination, lettres, chiffres ou une combinaison de chiffres et de lettres, sigles, slogans,

---

[73] *CA Nîmes, 24 sept. 1982: PIBD 1983, II, 10 sur la forme de la bouteille « Perrier ».*

emblèmes, lissières, lisérés, combinaison ou dispositions de couleurs, dessins, reliefs et devises ».

B. La marque nationale de garantie « *Made in RDC.* »

La loi Congolaise de 1982 se distingue de l'Accord de Bangui en ce qu'elle instaure une marque nationale de garantie. Elle a pour objet de certifier, seule et officiellement, la qualité des marchandises Congolaises.

C. Appréciation

En plus de la loi du 7 janvier 1982, d'autres dispositions particulières, législatives ou réglementaires[74], prévoient les conditions d'application de cette catégorie, telles que énoncées à l'article 129, paragraphe 2.

A la date d'aujourd'hui, non seulement la volonté de faire la promotion de cette catégorie de marque d'encouragement « ZANOR » pose problème, ce dispositif n'est plus d'application. Ceci, à notre sens confirme, une fois de plus le caractère lacunaire de la loi de 1982.

Section II. Les conditions de validité de la marque

C'est dans le souci de lutter efficacement contre la fraude lors de dépôt de la demande d'enregistrement de marque que la loi pose les conditions de validité. Outre la condition liée à sa finalité normale, trois autres conditions de validité de la marque sont relatives aux qualités que doit présenter le signe faisant l'objet de l'enregistrement. Il s'agit essentiellement : du caractère distinctif de la marque (§1), du caractère licite de la marque (§2) et du caractère disponible (§3).

---

[74] *Arrêté Départemental DENI/CAB/031/88 portant statut et gestion de la marque nationale de conformité aux normes. (J.O.Z., n° 23, 1er décembre 1988, p.26)*

§1 : Le caractère distinctif de la marque

De manière générale, une marque est distinctive lorsque le signe choisi est propre à distinguer les produits ou services d'une entreprise de ceux d'autres entreprises. Il est unanimement admis qu'un signe ne peut constituer une marque que s'il revêt un caractère original ou arbitraire (A) ; d'autre part, des produits ou services qu'il a vocation à designer doivent avoir un signe disponible, qui n'ait pas été utilisé antérieurement par autrui (B).

A. La marque doit être originale ou arbitraire

En ce qui concerne l'espace OAPI, notons que c'est lors de l'examen du dossier de la demande d'enregistrement que ses services spécialisés apprécient la validité du signe.

En effet, l'article 3 (a)de l'Annexe III dit qu'une marque ne peut être valablement enregistrée si « elle est dépourvue de caractère distinctif notamment du fait qu'elle est constituée de signes ou d'indication constituant la désignation nécessaire ou générique du produit ou la composition du produit ». S'agissant de la désignation nécessaire, il s'agit de tout signe dont on a besoin pour nommer les produits ou les services désignés par la marque, à partir du moment où il n'en existe pas d'autre pour désigner d'une manière aussi précise ou aussi concise les produits en question.

Quant au caractère générique, il renvoie à tout signe ou terme désignant non pas un produit ou un service précis mais « la catégorie, l'espèce ou le genre auxquels ils appartiennent »[75] ou un type de produits ou de services sans que le consentement leur attribue une origine particulière.

---

[75] *Mathely (P.), Le droit Français des signes distinctifs, Librairie du journal des Notaires et des Avocats, Paris 1984, p.92*

Un tel signe ou un produit pourrait indifféremment s'appliquer au produit marqué autant qu'à ceux des concurrents.

Ainsi, par exemple, désigner le fauteuil par le siège. Il convient donc que la marque soit suffisamment arbitraire par rapport aux produits ou services qu'il s'agit d'identifier. A titre d'exemple, la marque « Petit bateau » est bien distinctive appliquée à des vêtements pour enfants mais ne saurait l'être pour une embarcation. De plus, la doctrine soutient que pour apprécier ce caractère, il est également demandé aux juges de tenir compte du niveau d'attention du public concerné en fonction des produits et des services.

C'est ainsi que la marque figurative constituée par la forme d'une tablette rectangulaire aux bouts arrondi bicolore blanche et rouge pour une lessive a été jugée dépourvue de distinctivité aux motifs qu'« au regard de l'impression d'ensemble qui se dégage de la forme et de l'agencement des couleurs de la tablette représentée, la marque ne permettra pas au public concerné (d'attention moyenne pour un produit de consommation banale et quotidienne)de distinguer les produits visés de ceux ayant une autre origine commerciale lorsqu'il aura à arrêter son choix »[76].

Quelques mois seulement après, le Tribunal de Première Instance , dans une décision, définit d'une manière très explicite cette condition en affirmant que « le défaut de distinctivité ne saurait résulter de l'absence de surcroit de fantaisie…ou d'une touche minimale d'imagination,…une marque…ne procède pas nécessairement d'une création d'imagination mais sur la capacité d'individualiser des produits ou des services dans le marché par rapport aux

[76] *TPI 19 septembre 2001, Aff. T-30/00, Henkel KGaA c/ Office de l'harmonisation dans le marche intérieur (www.curia.eu).*

produits ou services du même genre offert par les concurrents »[77].

La distinctivité n'est donc ni l'originalité, ni la nouveauté mais l'aptitude à l'identification des produits ou services. Elle ne doit pas empêcher les autres concurrents d'utiliser des termes, d'images ou de forme qui leur sont indispensables pour désigner leurs propres produits. L'appropriation de tels signes serait une entrave au principe de la liberté de la concurrence[78].

Quant à la loi Congolaise de 1982, elle a des similarités avec l'Accord de Bangui, Annexe III. Son article 128, alinéa 2 ne donne pas assez de précision lorsqu'il dispose que « Ce signe est nouveau lorsqu'il n'a pas déjà été enregistré comme marque pour le même produit ou service ».

B. La marque doit être disponible

En pratique, on observe que cette condition est la plus problématique en matière de marque. En effet, l'enregistrement de la marque ne constitue pas en soi, une garantie de validité. Celle-ci est valable jusqu'à ce qu'elle soit attaquée par une action en annulation en justice.

Pour être valide, le signe choisi à titre de marque doit être disponible, c'est-à-dire, ne doit pas avoir été antérieurement approprié par quelqu'un d'autre pour distinguer ses propres produits ou services.

---

[77] *TPI 27 février 2002, Eurocool Logistik Gmbh c/ OHMI, PIBD n° 747-III-349.*

[78] *Chavanne (A) et Burst (J.-J.), Droit de la propriété industrielle, Dalloz, 4e édition, 1993, p.83.*

La marque est considérée comme un droit d'occupation ce qui justifie l'application du concept « premier arrivé, premier servi ». En principe, il revient au déposant ou à son mandataire de procéder au préalable à des recherches d'antériorités, afin de s'assurer que le signe est disponible.

Dans une décision du 13 octobre 1999 à propos de la marque « *BUDWEISER-BUDVAR* », le tribunal de Grande Instance du Mfoundi, au Cameroun a sanctionné la défenderesse qui « s'est montrée légère et négligente en s'abstenant de procéder aux recherches d'antériorité qui lui auraient relevé l'existence de la marque[79].. ». Dans le même sens, une décision rendue en date du 06 juin 1988 par le tribunal de grande instance de Douala (Cameroun), dans l'affaire « *VASELINE BLUE SEAL* » il a été rappelé « que la propriété d'une marque régulièrement déposée est absolue[80]… »

Les offices de marques OAPI et République Démocratique du Congo utilisent la *Classification de Nice*[81] pour effectuer de telles recherches sur les produits et les signes avant tout enregistrement.

---

[79] *Jugement civil n° 18 du 13 octobre 1999 du tribunal de grande instance du Mfoundi, Cameroun, affaire A-B. Inc c/ société B.B.C.B, Recueil de décisions de justice de l'OAPI en matière de propriété intellectuelle, tome 1, page 108.*

[80] *Jugement civil n° 521 du 06 juin 1988 du tribunal de grande instance de Douala, affaire société S.-P. Inc c/ société S., recueil de décisions de justice de l'OAPI, en matière de propriété intellectuelle, tome 1, page 114.*

[81] *L'Arrangement de Nice du 15 juin 1957 portant classification internationale des produits et des services aux fins de l'enregistrement des marques « Classification de Nice ».L'OAPI ainsi que la loi Congolaise l'utilisent comme document de référence, à valeur administrative uniquement.*

Soulignons que l'antériorité est recherchée dans les éléments de forme repris par le concurrent, soit qu'il y ait reproduit à l'identique d'un signe, soit qu'il y ait imitation. Ainsi, dans deux d'arrêts, les juges ont qualifié la marque « *Ineo* » d'imitation de la marque « *Prineo* » ce qui constitue un obstacle à son enregistrement[82],de même, la marque « *Tradexpert Gateway* » a été jugée comme étant une imitation de « *Gateway Solo* »[83].

Pour ce qui est de l'espace OAPI, l'article 3 (b) de l'Annexe III de l'Accord de Bangui définit la disponibilité de la marque et indique qu'une marque ne peut être valable à l'enregistrement que si « elle est identique à une marque appartenant à un autre titulaire et qui est déjà enregistrée, ou dont la date de dépôt ou de priorité est antérieure, pour les mêmes produits ou services ou pour des produits ou services similaires, ou si elle ressemble à une telle marque au point de comporter un risque de tromperie ou de confusion ».

Il est souvent reproché à l'OAPI de ne pas effectuer d'examen au fond lors dépôt de la demande d'enregistrement[84]. Nous pensons, qu'un tel reproche n'a pas de raison d'être car, c'est en cas d'opposition d'un tiers titulaire d'une antériorité que cela peut se faire.

Du fait du faible coût de redevances ainsi que d'annuités liées à la validité des marques, la plupart d'offices étrangers n'organisent pas de système des marques quant au fond, dès

---

[82] *CA Paris, 2 avril 2003, PIBD n ° 770, III, 418.*

[83] *CA Paris, 28 mars 2003, PIBD n ° 769, III, 389.*

[84] *Jugement n° 622 du 13 avril 2007 du Tribunal de Première Instance de Lomé (Togo), chambre civile et commerciale ; Recueil de décisions de justice (de l'OAPI) en matière de propriété intellectuelle, tome 1, pages 78 à 87. En l'espèce, le tribunal a ordonné la radiation de la marque « couscous SIPA » parce qu'indisponible au moment de son enregistrement à l'OAPI.*

lors, il appartient aux titulaires des titres de faire preuve de vigilance pour invoquer leur droit d'antériorité[85].

L'Accord de Bangui prévoit d'un côté des antériorités qui protègent le signe distinctif. Il s'agit notamment : de la marque enregistrée ; de la marque notoire et des indications géographiques ; de l'autre côté, des antériorités constituées par un signe distinctif non protégées parmi lesquelles : la dénomination sociale ; le nom de domaine.

La doctrine soutient que la disponibilité est souvent appréciée, a posteriori, par le juge saisi d'une demande principale ou reconventionnelle, en annulation d'une marque enregistrée prétendument indisponible[86].

A cet effet, la jurisprudence considère que le défaut de disponibilité est une cause de nullité ou de refus car, à la différence de l'absence de caractère distinctif ou licite, il ne peut être invoqué que par le titulaire de l'antériorité[87] opposée et non par tout concurrent du titulaire de la marque[88].

S'agissant de la République Démocratique, bien que n'ayant pas encore mis sa législation en conformité avec l'Accord des ADPIC, elle prévoit un dispositif similaire à l'Accord de Bangui en ce que les deux législations respectent l'article 6

---

[85] *Op-cit, page 85.*

[86] *Passa (J.), Traité de droit de la propriété industrielle:-Marques et autres signes distinctifs,-Dessins et modèles, tome 1, L.G.D.J., 2e édition 2009, p.167.*

[87] *S'agissant de l'espace OAPI, voir en ce sens jugement civil n° 152 du 23 mars 1986 du Tribunal de Première Instance de Yaoundé (Cameroun) à propos de l'annulation de la marque « DAVIDOFF», recueil de décisions de justice en matière de propriété intellectuelle, tome 1, page 90.*

[88] *CA Paris, 14 juin 1998, PIBD 1998, n° 653, III, 252.*

bis de la Convention de Paris. L'autre point commun avec l'OAPI est que la loi Congolaise de 1982 n'effectue pas d'examen au fond lors du dépôt de la demande d'enregistrement de marque. Pour ce qui est des signes, l'article 133 de la loi de 1982 énumère les signes ne pouvant être considérés comme marques.

§2 : Le caractère licite de la marque

Une marque valide est une marque qui est licite, c'est-à-dire conforme à la loi. Certaines marques sont exclues pour cause d'illicéité, elles sont refusées soit à l'enregistrement, soit après leur enregistrement par la voie d'annulation. En réalité, certaines marques sont exclues en elles-mêmes « per se » parce qu'elles sont contraires à l'ordre public, aux bonnes mœurs et aux lois (A) ; d'autres parce qu'elles sont trompeuses ou déceptives (B).

A. L'exclusion de la marque « Per se »

C'est en application de l'article *6 ter* de la Convention de Paris du 20 mars 1883 révisé[89], pour la protection de la propriété industrielle ou par le paragraphe 2 de l'article 23 de l'Annexe 1 c à l'Accord instituant l'OMC que l'Accord de Bangui les exclut de la protection.

Ce sont des signes contraires à l'ordre public et aux bonnes mœurs, c'est-à-dire tout ce qui touche la moralité, à savoir : les comportements.

De sorte qu'il est inadmissible à une entreprise de prétendre attirer la clientèle en choisissant une marque qui risque de

[89] *Cet article prohibe l'emploi à titre de marques de certains signes officiels ainsi que leur imitation comme marques ou éléments de marques, des armoiries, des drapeaux et autres emblèmes d'Etat des pays de l'Union, ainsi que des signes et poinçons officiels de contrôle et de garantie adoptés par ces Etats.*

porter atteinte à la moralité des consommateurs[90]; - des signes interdits par la loi ou par les Conventions internationales telles que l'ONU, l'OMPI, L'OIT, l'UNESCO, la FAO, INTERPOL[91] etc.,

ne peuvent être utilisés que sous réserve d'autorisation des autorités compétentes. A titre d'exemple, la Convention de Genève interdit d'enregistrer le signe de « Croix Rouge », comme marque.

B. L'exclusion de la marque trompeuse ou déceptive

Selon une doctrine dominante, la marque est trompeuse (ou déceptive) dès qu'elle comporte un risque de tromperie à l'égard du consommateur moyen[92].

La déceptivité ne s'apprécie qu'à l'égard des produits ou services pour lesquels l'enregistrement a été demandé ou obtenu[93].

---

[90] *La jurisprudence se montre intransigeante lorsqu'il s'agit de signes contraires à l'ordre public interne. En l'espèce, la Cour d'appel de Paris à approuvé le rejet de la demande d'enregistrement de la marque « Chanvrette»pour des boissons pétillantes à base de feuille de chanvre, car son usage « pourrait provoquer une démarginalisation de l'usage de stupéfiant » : Voir Rennes, 12 mars 2002 : PIBD 2002, 743, III, 247.*

[91] *CA Paris, 1er juin 1992, PIBD 1992, n°529, III, 493 et CA Paris, 17 déc. 1997, PIBD 1998, n°650, III, 170 ; JCP 1998, II, 10083, note I. ROUJOU DE BOUBEE. En l'espèce, les juges avaient ordonné l'annulation de la marque « Inter Pole Informatique» parce que susceptible de porter à la dénomination de l'Organisation internationale Interpol.*

[92] *I. Marteau-Roujou de Boubee, Les marques déceptives, Litec 1992.*

Il ressort de l'article 3 (b) de l'Annexe III de l'Accord de Bangui qu'une marque ne peut être valablement enregistrée que « ...si elle ressemble à une telle marque au point de comporter un risque de tromperie ou de confusion » ; et l'alinéa (d) précise que n'est pas valable la marque « ...susceptible d'induire en erreur le public ou les milieux commerciaux, notamment sur l'origine géographique, la nature ou les caractéristiques des produits ou services considérés ».

S'agissant de l'article susvisé, il convient de noter que l'Organisation en fait une application stricte lorsqu'elle est saisie d'une action en opposition. C'est le sens d'une récente décision rendue en date du 14 janvier 2009 à propos de la marque « RIVADERM PARIS[94] ». En l'espèce, un dépôt de la demande d'une marque de produits de parfumerie fabriqués au Cameroun était enregistré à l'OAPI. Le titulaire de l'enregistrement exportait lesdits produits en France.

La Fédération des industries de la parfumerie avait intenté une action en opposition auprès de l'OAPI contre l'enregistrement de la marque « RIVADERM PARIS » parce qu'elle contenait des indications susceptibles d'induire le public en erreur, notamment sur l'origine des produits.

Sur le fondement des dispositions des articles 3 (b) de l'annexe III et de l'article 18 de ladite Annexe, le Directeur Général de l'OAPI a décidé la radiation de la marque en cause.

---

[93] *Passa (J.), Traité de la propriété industrielle:-Marques et autres signes distinctifs ;-Dessins et modèles. Tome1, 2e édition, L.G.D.J, 2009, p.159*

[94] *Voir décision n° 041 /OAPI/DG/DGA/DAJ/SAJ portant radiation de l'enregistrement de la marque "RIVADERM PARIS", non encore publiée dans le Recueil de décisions de justice de l'OAPI.*

Selon la jurisprudence de la Communauté Européenne, il convient d'« établir que l'utilisation de la marque est en fait de nature à induire en erreur les consommateurs concernés et, par conséquent, à affecter leur comportement économique [95]». Soulignons que c'est aux juges du fond que revient le pouvoir souverain d'appréciation du caractère trompeur du signe en cause. Cette appréciation du risque est relative car elle doit se faire à partir d'une comparaison entre la marque et les produits qu'elle désigne.

La jurisprudence retient que dans certains cas, les moyens de la tromperie peuvent se rapporter à la nature du produit ou du service[96] ;

Dans d'autres, il peut arriver que la tromperie porte sur la qualité du produit[97] ; enfin il peut arriver que la tromperie puisse se rapporter à la provenance géographique[98].

Les dispositions prévues par la loi Congolaise de 1982 quant à l'appréciation du caractère trompeur ou déceptif du signe

---

[95] *CJCE, 23 janv.1999, Aff. C-303/ 97: PIBD 1999, 674, iii, 323*

[96] *En l'espèce, il s'agit d'une marque déceptive portant sur la nature du produit: la marque "Evian fruité", pour une boisson sans eau d'Evian. CA Paris, 14 octobre 1981, Ann. Prop. Indust. 82, p. 125.*

[97] *Ici la marque déceptive portant sur la qualité du produit: "Dr Rasurel" pour un produit fabriqué en hors contrôle médical; CA Paris, 21 juin 1978, Ann. Prop. Ind. 1979, p.211*

[98] *Dans cette espèce, la marque déceptive portant sur la provenance du produit et par voie de conséquence sur la qualité supposée : « Cru du fort médoc », pour un produit reproduisant une appellation d'origine auquel il n'a pas droit : C.Cass.com, 9 nov.1981 : JCP. 1982, II, 19797 obs. G. Bonet. ;*
De même, la marque « Limoges -France» est également déceptive pour de la porcelaine *qui n'est pas entièrement fabriquée à Limoges : CA Limoges, 26 nov.1982, PIBD 1983, III, p.103.*

sont similaires à celles de l'Accord de Bangui. En effet, l'article 133, alinéa 2 de la loi du 7 janvier 1982 dit clairement que certaines marques sont dépourvues de toute validité lorsqu'elles « comportent des indications propres à tromper le public, celles qui sont composées exclusivement de termes indiquant la qualité essentielle du produit ou sa composition. ». La loi Congolaise à l'instar de l'Annexe III, ne parle pas expressément d'origine géographique et est moins détaillée que l'Accord de Bangui.

De manière générale, nous observons que les deux législations reconnaissent aux juges du fond le pouvoir souverain d'apprécier le caractère déceptif d'une marque, notamment en élargissant tous les moyens de tromperie, y compris ceux qui ne sont pas expressément visés par la loi.

Deuxième Partie

La violation de Procédure d'enregistrement d'une Marque

Lorsqu'un déposant d'une demande d'enregistrement ou son mandataire n'a pas respecté l'une des conditions de validité d'une marque déjà enregistrée, il est prévu de sanction pour violation de la procédure d'enregistrement. En réalité, il existe de sanctions (Chapitre 1er) ; et le titulaire d'une marque sanctionnée doit être en mesure de mettre en mouvement son droit de défense en utilisant les différentes voies de recours prévues (Chapitre 2).Il peut également intenter l'action en opposition (Chapitre 3).

Chapitre I

Les sanctions

Le mot « *sanction* »est employé originellement en droit, mais son usage s'est étendu à d'autres disciplines. Il désigne à l'origine, une confirmation faite par une autorité supérieure, mais elle peut également provenir d'un peuple souverain, par exemple lors d'un suffrage donné (vote). Il s'applique plus spécialement à la conséquence positive ou négative, d'un comportement. C'est alors une peine infligée à ceux qui transgressent les normes. S'agissant du droit de la propriété industrielle, notamment dans la procédure d'enregistrement d'une marque, la sanction occupe une place importante. En particulier si le titulaire d'une marque n'a pas respecté l'une des conditions de validité. En fonction de la nature du droit violé et de l'autorité qui les prennent, elles peuvent être soit administratives (Section I), soit judiciaires (Section II).

Section I. Les sanctions administratives

En matière des marques, les deux législations, l'Accord de Bangui et la loi Congolaise ont des similitudes en ce qui concerne les sanctions administratives. Ces sanctions interviennent, soit lors de l'examen de la demande, à partir des observations d'irrégularités constatées (§1), soit avant la validation de la demande d'enregistrement, lorsque l'une des conditions prévues à l'article 3 de l'annexe 3 fait défaut, l'Organisation procède alors au rejet de la demande (§2).

§1 : L'irrecevabilité de la demande

Il s'agit de la sanction de l'inobservation d'une prescription légale consistant à repousser, sans l'examiner, une demande qui n'a pas été formulée en temps voulu ou qui ne remplit pas les conditions de fond ou de forme exigées[99]. Elle s'applique à toute demande d'enregistrement de marque aussi bien ordinaire, collective que notoire.

En pratique, elle est constatée, lorsque le déposant n'a pas joint à sa demande, soit des pièces nécessaires (A), soit la preuve de paiement de la redevance de dépôt (B).

A. L'irrecevabilité pour absence des pièces requises

Tout dépôt doit comporter des mentions obligatoires à savoir : l'identification du déposant ou de son mandataire, la représentation graphique du signe et énumération des produits ou services. Et pour un dépôt auprès de l'OAPI, le formulaire *M301* doit être bien rempli en des termes compréhensifs.

L'instruction administrative n°409, alinéa 2 dispose « Si l'organisation constate qu'un terme est incompréhensible, elle le notifie au déposant qui dispose d'un délai de 3 mois à compter de la notification pour faire valoir les arguments selon lesquels le terme en question est compréhensible ou pour déposer une requête tendant à ce que le terme incompréhensible soit supprimé et / ou remplacé. Sur la base des arguments présentés, l'Organisation traite le terme ». Rappelons que ce manquement est assorti d'une peine d'amende pécuniaire.

---

[99] *Guillien (R.), Vincent (J.), sous (dir.) de Guinchard (S.) et Montagnier (G.), Lexique de termes juridiques, Dalloz, 1999.*

Soulignons que l'irrecevabilité d'une demande d'enregistrement de la marque n'est pas définitive[100]. Car, cette irrégularité est notifiée au déposant ou à son mandataire[101], en l'invitant à régulariser les pièces dans le délai de trois mois à compter de la date notification, ce délai peut être augmenté de 30 jours en cas de nécessité justifiée sur requête du demandeur ou de son mandataire[102].

B. L'irrecevabilité pour défaut de paiement de la redevance

Aucun dépôt n'est recevable si la demande n'est pas accompagnée d'une pièce justificative du paiement de la taxe de dépôt[103].

---

[100] *Décision n° 00114 /CSR/OAPI du 20 octobre 2008 sur le recours en annulation de la décision n° 07/0001/OAPI/DG/DPG/SSD du 15 mai 2007 portant rejet de la demande d'enregistrement de la marque « EUCALYPTINE », Recueil de décisions de justice en matière de propriété industrielle, page 1. En l'espèce, la Commission Supérieure de Recours a annulé la décision du Directeur Général en considérant que l'Accord de Bangui et les différents règlements ont apporté une souplesse dans la compréhension de l'inobservation des délais résultant d'un événement fortuit et inévitable.*

[101] *Décision n° 00115/CSR/OAPI du 20 octobre 2008, sur le recours en annulation de la décision n° 07/0027/OAPI/DG/DPG/SSD du 15 mai 2003 portant rejet de la demande d'enregistrement de la marque « BAC TRUE HARMONY »., Recueil de décisions de justice en matière de propriété industrielle, page 5.*

[102] *Article 14, alinéa 3 de l'Annexe III de l'Accord de Bangui. L'article 30 de la loi Congolaise se distingue en ce qu'il prévoit un délai de 6 mois à compter de la notification de cette invitation.*

[103] *Article 12 de l'Annexe de l'Accord de Bangui et article 135 de la loi Congolaise.*

De manière générale, il est important de noter que le paiement de la redevance de dépôt d'enregistrement d'une marque est une condition à laquelle l'office de dépôt veille. D'ailleurs, l'attribution de la date de la demande en dépend.

En pratique, le fait que les deux législations, l'Accord de Bangui et la loi Congolaise, fassent preuve d'une « souplesse » voire d'une démarche préventive à l'égard du déposant, notamment à travers la possibilité de régularisation et ou de correction de la demande, fait qu'il y peut avoir de décisions en ce sens[104].

Lorsque le déposant ne réagit pas dans les délais impartis, la sanction se transforme en rejet de la demande.

§2 Le rejet de la demande

A. L'examen de fond partiel

Il s'agit d'une phase cruciale pour toute demande d'enregistrement car, nous l'avons dit précédemment, l'OAPI n'effectue pas d'examen quant au fond. Les dispositions de l'article 14 de l'annexe III sont claires.

En effet, les alinéas 2, 4 et 5 dudit article disposent que « …Tout dépôt qui ne satisfait pas aux prescriptions de l'article 3, alinéas c) et e) est rejeté ;…Dans le cas où les pièces régularisées ne sont pas fournies dans le délai imparti, la demande d'enregistrement de la marque est rejetée. Le rejet est prononcé par le Directeur général de l'Organisation ».

[104] Le Directeur Général de l'OAPI et/ou le Ministre de l'industrie pour ce qui est de la République Démocratique du Congo décide du rejet de demande d'enregistrement de la marque. Voir dans le même sens, C. Cass. com., 10 juin 1997, PIBD 1997, III, p.433.

S'agissant de la loi Congolaise de 1982, elle contient des dispositions similaires à celles de l'Accord de Bangui.

B. L'appréciation

Notre appréciation portera sur le constat fait à partir de l'étude de deux législations(1) ; et les pistes à possibles(2).

1. Le constat fait à partir de cette étude comparative

A la lumière de l'état actuel des deux législations analysées, force est de constater que la loi Congolaise relative à la propriété industrielle est vétuste, sa réforme est plus que nécessaire. Cependant, certains à Kinshasa par peur ou par simple égoïsme continuent à soutenir qu'au regard du nombre de dépôts de demandes que la République Démocratique du Congo reçoit, elle n'aurait aucun intérêt à adhérer à l'OAPI.

A notre sens, cet argument ne se justifie pas car il convient de reconnaitre que l'OAPI en tant qu'Office de dépôts des marques a une législation moderne et conforme au standard international. Bien au contraire, une éventuelle adhésion de la RDC à l'OAPI lui profiterait non seulement en terme d'expertise (formation des agents et cadres, des magistrats, des auxiliaires de justice, etc.), de renforcement de capacité de protection des dépôts (brevet d'invention, modèles d'utilité, marques, dessins et modèles industriels, des noms commerciaux et des indications géographiques)et de vulgarisation de la propriété industrielle dans l'opinion nationale. Car, il faut le noter ici que la Propriété Intellectuelle n'est pas bien connue du public Congolais qui, et pourtant regorge de nombreux talents (inventeurs), sa modernité ainsi que sa vulgarisation apporteraient un plus à l'économie nationale.

De plus, tous les 17 Etats membres de l'OAPI sont également membres de l OHADA (à l 'exception de la Mauritanie). Or, depuis 2010, la RDC fait partie de ladite Organisation de droit des affaires. L'Acte Uniforme portant organisation des sûretés, dans sa version révisée du 15 février 2010 accorde une place importante à la propriété industrielle (cf. articles 156 à 161). Le droit OHADA suppose une application stricte du Traité de Port-Louis. De la même manière, aujourd'hui le gouvernement Congolais se réjouit d'avoir doté le pays d'une législation moderne en droit des affaires, de la même manière, il le serait s'il décidait avec courage de moderniser sa législation dans le domaine de la propriété industrielle. Nous pensons que l'OAPI apportera à la RDC ce que l'OHADA lui apporte actuellement.

Indépendamment de cela, il faut intégrer la propriété intellectuelle dans les programmes d'enseignement supérieur.

La République Démocratique du Congo est classée parmi les pays les moins avancés (PAM), à ce titre, elle a bénéficié d'un délai supplémentaire qui a expiré en juillet 2013 pour se conformer à l'accord ADPIC. A l'heure où la plupart des Etats s'organisent par la voie de l intégration régionale, la République Démocratique du Congo ne pourrait pas continuer à s'auto-isoler.

2. Un cadre légal clair et efficient

A défaut d'adhérer à l'Accord de Bangui, la loi Congolaise de 1982 sur la propriété industrielle qui a de nombreux points de ressemblance, peut s'en inspirer comme modèle réussie ceci va également contribuer à son efficacité.

Comme pour le droit OHADA, il nous parait essentiel que les personnes qui connaissent de la propriété intellectuelle au quotidien aient une maîtrise nécessaire de la matière, qu'elles soient bien outillées.

Les juges doivent se spécialiser dans le domaine de la propriété intellectuelle pour éviter qu'ils puissent rendre des décisions référant uniquement au droit commun. De même, les sanctions doivent être proportionnelles à la gravité du délit commis et surtout qu'elles soient correctement appliquées.

La loi pourrait prévoir soit la création d'un organe juridictionnel pour connaître de demandes d'appel contre les décisions du ministre de l'industrie et de PME ; soit, attribuer expressément la compétence à une juridiction qui devra connaître de recours contre les décisions du ministre en charge de la propriété intellectuelle. Ceci constitue une garantie efficace du droit de la défense et une sécurité judiciaire des affaires.

De même, le problème de la lutte contre la contrefaçon doit être résolu.

Aujourd'hui, il est admis que la contrefaçon constitue un frein immense au développement d'un pays, par voie de conséquence, un mal qu'il faut combattre si l'on veut avoir une économie prospère. Or, il faut aussi admettre que la contrefaçon est un phénomène universel et ne peut être combattu par un seul pays.

De manière officielle, la loi Congolaise de janvier 1982 ne prévoit pas de dispositif de coopération régionale ni avec les pays voisins de la République Démocratique du Congo, ni avec des Organisations sous-régionales spécialisées dans le domaine de la propriété intellectuelle comme l'OAPI, l'ARIPO, l'OMPIC pour ne citer que celles-ci.

SECTION II. La sanction judiciaire : La nullité

Procéder à l'enregistrement d'une marque crée des droits au bénéfice de son propriétaire mais ne constitue pas en soit une garantie de validité car à tout moment, un tiers intéressé peut vouloir saisir le juge afin d'obtenir la nullité de la marque. Ceci est d'autant plus vrai que la jurisprudence considère que « L'enregistrement de la marque est un acte administratif qui ne saurait lier les juridictions saisies d'une contestation sur sa validité »[105].

Toutefois, il ne suffit pas d'invoquer la nullité encore qu'il faut en démontrer les causes (§1) et procéder à sa mise en œuvre (§2).

§1 : Les causes de nullité

Ces causes trouvent leur base dans l'action elle-même (A) ; une fois l'annulation obtenue il faut qu'elle produise des effets (B).

A. L'action proprement dite

Pour ce qui est de l'espace OAPI, l'annulation des effets sur le territoire national de l'enregistrement d'une marque est prononcée par les tribunaux civils[106] à la requête, soit du ministère public, soit de toute personne ou syndicat

---

[105] *CA Paris, 7 déc. 2005, PIBD 2006, n° 823, III, 90.*

[106] *Jugement n° 622 du 13 avril 2007 du Tribunal de Première Instance de Lomé (Togo), chambre civile et commerciale, Affaire « Société P. S.A. c/Société N.T.S ». Décision prise sur la base de l'article 24 de l'annexe III de l'Accord de Bangui., Recueil de décisions de justice (de l'OAPI) en matière de propriété intellectuelle, tome 1, pages 78 à 87. Dans le même sens, Jugement civil n °152 du 23 mars 1986 du Tribunal de Première Instance de Yaoundé (Cameroun), affaire « DAVIDOFF », Recueil susvisé, pages 88 à 97.*

professionnel intéressé ; Sur requête des demandeurs susvisés ou de l'Organisation, le tribunal déclare nul et non avenu, l'enregistrement de la marque, au cas où cette dernière n'est pas conforme aux dispositions des articles 2 et 3 de la présente Annexe III ou est en conflit avec un droit antérieur, dans ce dernier cas, l'annulation ne peut être prononcée que sur demande du titulaire du droit antérieur. La nullité peut s'appliquer à la totalité ou à une partie seulement des produits ou services pour lesquels la marque a été enregistrée[107].

Dans une action en nullité de la marque, il revient au tiers de combattre par la preuve que la marque ne satisfait pas aux conditions légales d'acquisition d'une marque. De sorte qu'une marque constituée par un son, une odeur ou un goût n'est pas valable.

Il en va de même de la marque contraire à l'ordre public, aux bonnes mœurs ou aux lois, qui n'est pas distinctive ou qui est déceptive (trompeuse). De même, tout intéressé peut agir à titre reconventionnel en réponse à une action en contrefaçon du titulaire de la marque.

Toutefois, lorsque l'action se justifie par une antériorité de droit, seul le titulaire du droit de l'antériorité[108] a qualité pour agir. C'est le recours au droit commun, pour sanctionner la mauvaise foi pour fraude.

---

[107] *Article 24, alinéas 1 et 2 de l'Annexe III, de l'Accord de Bangui.*

[108] *Jugement civil n° 18 du 13 octobre 1999 du Tribunal de grande instance du Mfoundi (Cameroun), affaire A.-B. Inc c / Société B.B.C.B à propos de la marque « BUDWEISER-BUDVAR ». RDJ en matière de P.I., tome 1, page 108.*

Le principe fondamental selon lequel « *fraus omnia corrumpit* » est fortement appliqué[109] par les tribunaux.

Sur requête du titulaire, le tribunal doit annuler l'enregistrement d'une marque obtenu en violation d'un droit antérieur. Le titulaire d'un droit antérieur qui sollicite l'annulation peut invoquer la mauvaise foi du demandeur lors du dépôt. La jurisprudence Européenne soutient qu'il appartient au juge saisi d'une telle demande, de « prendre en considération tous les facteurs pertinents propres au cas d'espèce et existant au moment du dépôt »[110].

Soulignons qu'en application de l'article 6 bis de la Convention de Paris relative à la protection de la propriété industrielle, le titulaire d'une marque notoire peut également saisir le tribunal civil par une action en nullité dès lors qu'il est en mesure de démontrer le risque de confusion avec sa marque.

De même, la jurisprudence de l'OAPI fait une application stricte du risque de confusion avec une marque notoire. C'est le sens d'une décision rendue par la Commission Supérieure de Recours dans l'affaire « *MAMI Label* [111]».

---

[109] *CA Versailles, 19 déc. 1996, RTD com. 1997, p. 449, obs. Azéma.*

[110] *Arrêt Chocoladefabriken Lindt, CJCE, 11 juin 2009, PIBD 2009, n° 900, III, 125.*

[111] *Décision n° 0118/OAPI/CSR du 15 mai 2009 à propos du recours en annulations contre la décision n° 0048/OAPI/DG/DGA/SCAJ du 23 mai 2008 portant rejet de l'opposition à l'enregistrement de la marque "MAMI Label". RDCSR, p. 6*

En l'espèce, la firme Nestlé SA titulaire de la marque de cuisine « *MAGGI* » enregistrée en classes 1, 5, 29, 30, 31 et 32 à l'OAPI depuis septembre 1980 a fait opposition de l'enregistrement d'une marque dénommée « MAMI Label » enregistrée en classes 29, 30 et 32 à l'OAPI.

En première instance, une juridiction Ivoirienne avait estimé qu'il y a risque de confusion entre MAMMY et MAGGI, produit de Nestlé SA qui doit jouir de la protection supplémentaire reconnue par la Convention de Paris, l'Accord de Bangui et les Accords sur les ADPIC aux marques notoires. La Commission Supérieure de Recours a annulé la décision du Directeur Général de l'OAPI en considérant « *qu'il se dégage une impression générale d'absence de similitude pouvant créer une confusion pour le consommateur d'attention moyenne qui n'a pas les deux marques simultanément sous les yeux* ».

La loi Congolaise de 1982 prévoit un dispositif qui contient des similitudes avec l'Accord de Bangui. En effet, l'article 149 dispose « Toute personne intéressée, y compris le Ministère public, peut invoquer la nullité d'une marque qui ne serait pas conforme aux dispositions des articles 128, 132, 133 et 142 de la présente loi ».

B. Les effets de l'action en nullité

L'action en nullité peut être totale ou partielle.

Les deux législations, l'Accorde de Bangui et la loi Congolaise de 1982 relative à la propriété industrielle sont d'origine civiliste, de ce fait, ont des ressemblances quant à ce qui concerne les effets de l'action en nullité.

En principe, lorsque le tribunal civil prononce une décision d'annulation de l'enregistrement d'une marque, celle-ci a pour effet de faire disparaître un droit exclusif.

Toutefois, il faut préciser que par elle-même, cette décision n'emporte pas interdiction d'exploiter le signe dans le commerce.

De sorte qu'il appartient au propriétaire de la marque, de mettre en mouvement l'action en responsabilité civile pour risque de confusion pour faire cesser l'exploitation de la marque par le tiers.

Par ailleurs, la jurisprudence reconnait que dans certains cas, le signe constituant la marque peut n'être dépourvu de caractère distinctif, déceptif ou indisponible qu'à l'égard d'une partie seulement des produits ou services visés dans l'enregistrement[112].

Et que, l'annulation pour indisponibilité est totale lorsque l'ensemble des produits ou services désignés lors du dépôt de la marque postérieure sont identiques, ou même seulement similaires[113], à certains de ceux désignés à l'encouragement de la marque antérieure[114].

§2 : La mise en œuvre de l'action en nullité

Aborder la question de la mise en œuvre d'une action suppose que soit examiné les personnes qui peuvent agir (A), et les juridictions compétentes à connaître de l'action (B).

---

[112] *CA Paris, 26 nov. 2004, PIBD 2005, n°805, III,145.*

[113] *Décision n°0129/OAPI/CSR du 15 mai 2009, à propos du recours en annulation contre la décision n° 0085/OAPI/DG/DGA/SCAJ du 23 mai 2008 portant radiation partielle de l'enregistrement de la marque « Crédit Agricole + Logo ». RDCSR, p.8*

[114] *C. Cass. com., 6 déc. 2005, pourvoi n° 04-16549.*

A. Les personnes qui peuvent agir

Pour ce qui est de l'espace OAPI, ce sont le ministère public, toute personne ou syndicat professionnel intéressé[115].

S'agissant du ministère public il intervient soit, par voie principale, sur requête des demandeurs susvisés ou de l'Organisation, le tribunal déclare nul et non avenu, l'enregistrement d'une marque non conforme aux dispositions des articles 2 et 3 de la présente Annexe ou est en conflit avec un droit antérieur, dans ce dernier cas, l'annulation ne peut être prononcée que sur demande du titulaire du droit antérieur. La nullité peut s'appliquer à la totalité ou à une partie seulement des produits ou services pour lesquels la marque a été enregistrée[116].

Le ministère public peut également agir par voie d'intervention, c'est-à-dire, se saisir d'office à l'instance tendant à faire prononcer la nullité de l'enregistrement d'une marque. Dans ce cas précis, il prend des réquisitions, l'affaire peut même lui être communiquée par le siège.

La loi Congolaise de janvier 1982 reconnait aux personnes susvisées la qualité d'agir en action en nullité, de ce fait, son dispositif a des points de convergence avec l'Accord de Bangui.

B. La juridiction compétente

Pour ce qui est de l'espace OAPI, l'article 47 de l'Annexe III de l'Accord de Bangui dispose : « Les actions civiles relatives aux marques sont portées devant les tribunaux civils et jugées comme matières sommaires.

---

[115] *Articles 24 et 36 de l'Annexe III, de l'Accord de Bangui.*
[116] *Article 24, alinéa 2 de l'Annexe III.*

En cas d'action intentées par la voie correctionnelle, si le prévenu soulève pour sa défense des questions relatives à la propriété de la marque, le tribunal compétent statue sur l'exception ».

Selon L'Accord de Bangui, c'est aux Codes de Procédure Civile de chacun d'Etats membres de l'OAPI de prévoir des dispositions qui déterminent les compétences du tribunal civil pour toute action fondée sur le double plan matériel et territorial.

Pour ce qui est de la voie pénale, le tribunal correctionnel saisi d'une action en contrefaçon devant lequel se pose incidemment une question relative à la propriété d'un objet de propriété industrielle est exceptionnellement compétent pour régler les exceptions de nullité[117]. Précisons que les décisions des tribunaux sur la validité des titres de propriété industrielle s'imposent aussi bien au titulaire du droit de propriété industrielle qu'à l'office de propriété industrielle qui a délivré le titre[118].

Toute décision rendue par un tribunal civil d'un Etat membre a une portée qui s'étend doublement à l'égard de l'OAPI et des Etats membres de l'espace.

A l'égard de l'Organisation, toute décision judiciaire définitive prononçant l'annulation des effets sur le territoire national de l'un des Etats membres du dépôt d'une marque, doit être inscrite au registre spécial des marques sur notification de la juridiction et faire l'objet d'une mention publiée par l'Organisation[119] .

---

[117] *Guide du Magistrat et des Auxiliaires de justice, 1ère édition, OAPI, 2009, p.96.*
[118] *Op. Cit.*
[119] *Article 28 de l'Annexe III de l'Accord de Bangui.*

D'autre part, à l'égard des Etats membres, les décisions judiciaires définitives rendues sur la validité des titres dans l'un des Etats membres en application des dispositions du texte des annexes I à X au présent Accord font autorité dans tous les autres Etats membres, excepté celles fondées sur l'ordre public et les bonnes mœurs[120]. Selon la loi Congolaise de janvier 1982, toutes les matières[121]se rapportant à la propriété industrielle relèvent de la compétence de tribunaux de grande instance.

Ce dispositif fait allusion au recours du droit commun, ce qui à notre sens, constitue un point de ressemblance avec la législation OAPI.

---

[120] *Article 18 de l'Annexe III de l'Accord de Bangui.*

[121] *Article 166 de la loi du 07 janvier 1982 régissant la propriété industrielle dispose "Par dérogation aux dispositions de l'ordonnance-loi 68-248 du 10 juillet 1968, telle que modifiée à ce jour, portant Code de l'organisation et compétence judiciaire, les matières se rapportant à la propriété industrielle sont de la compétence des tribunaux de grande instance".*

Chapitre II

Les voies des recours

Chacune des législations prévoit des structures chargées d'examiner les recours selon qu'il s'agit de l'espace OAPI (Section 1) ou de la République Démocratique du Congo (Section 2).

Section I. S'agissant de l'espace OAPI

L'article 19 de l'Accord de Bangui dispose que « Les décisions sur les cas de rejet ou d'opposition prévues à l'article 33 alinéa 2 ci-dessous prises par l'Organisation sont susceptibles de recours devant la Commission Supérieure de Recours siégeant auprès de ladite Organisation ». En réalité, il est prévu une procédure de recours classique à deux degrés exercé essentiellement devant le Directeur Général (§1) et devant la Commission Supérieure de Recours (§2).

§1 : Le Directeur Général

Il s'agit du plus haut fonctionnaire de l'Organisation, nommé par le Conseil d'Administration pour un mandat d'une durée de Cinq ans renouvelable une seule fois[122].

A. Les attributions du Directeur Général

Ses attributions sont énumérées à l'article 35 alinéas 2 à 5 de l'Annexe III de l'Accord de Bangui qui dit qu'« Il représente l'Organisation dans tous les actes de la vie civile ; Il est responsable de la gestion de l'Organisation devant le Conseil d'Administration auquel il rend compte et aux directives duquel il se conforme en ce qui concerne les affaires intérieures et extérieures de l'Organisation ;

---

[122] *Article 34, alinéas 1 et 2, Annexe III de l'Accord de Bangui du 02 mars 1977 tel que révisé en date du 24 février 1999.*

il prépare les projets de budget, de programme et le bilan ainsi que les rapports périodiques d'activités qu'il transmet aux Etats membres ; il prend part, sans droit de vote, à toutes les sessions du Conseil d'Administration.

Il est d'office Secrétaire desdites Sessions ; il recrute, nomme, révoque et licencie le personnel de l'Organisation, excepté le personnel hors catégorie, conformément aux conditions définies par le Statut Général du Personnel ».

B. Les attributions du Directeur Général sur le titre de propriété industrielle

Comme nous l'avons vu précédemment, la délivrance de certificat d'enregistrement de marque relève de la seule compétence du Directeur Général, qui peut également décider de mettre fin à une demande déjà enregistrée en cas de violation quelconque. Dans une phase de contentieux purement administratif, le Directeur Général peut être saisi, il s'agit alors d'une voie de recours gracieux.

Toute décision prise par le Directeur Général, en matière de procédure d'obtention de marque est susceptible de recours en annulation devant la Commission Supérieure de recours.

§2 : La Commission Supérieure de Recours

Il s'agit de l'organe « juridictionnel[123] » de l'OAPI, elle connait des recours en annulation, intervient en premier et dernier ressorts contre les décisions du Directeur Général de l'OAPI en matière de propriété industrielle.

---

[123] *En réalité, elle n'intervient que dans le cadre du contentieux administratif étant entendu que l'Accord de Bangui laisse aux tribunaux des Etats membres la compétence juridictionnelle. Peut-être qu'avec le projet de révision en cours, elle deviendra une véritable Cour de justice et une Cour d'arbitrage comme à la CCJA de l'OHADA.*

Ses sources sont notamment, l'article 34 de l'Accord de Bangui du 02 mars 1977 tel que révisé le 24 février 1999 ; le Règlement portant organisation et fonctionnement de la Commission de la Commission Supérieure de Recours signé à Nouakchott, le 04 décembre 1998 et l'Aménagement de N'Djamena, du 04 novembre 2001.

A. La composition de la Commission Supérieure de Recours

Aux termes de l'article 3[124], il est dit que « La commission est composée de trois membres titulaires et trois suppléants choisis par tirage au sort sur une liste de représentants de chacun des Etats membres de l'Organisation Africaine de la Propriété Intellectuelle, le premier nom tiré étant celui du Président ; les représentants parmi lesquels sont choisis les membres de la Commission ainsi que trois suppléants doivent être des magistrats ayant au moins dix ans d'expérience et possédant une bonne connaissance des questions de propriété intellectuelle ».

Il ressort de l'article 4, alinéa 1 dudit Règlement que la durée du mandat des membres de la Commission est fixée à deux ans, renouvelable. Étant donné que les sessions annuelles de la Commission sont espacées (en moyenne, 2 à 3) un secrétariat établi au siège de l'Organisation centralise la procédure, effectue les notifications prescrites par le règlement et tient les procès-verbaux des sessions ainsi que les archives de celle-ci.

[124] *Voir Règlement portant organisation et fonctionnement de la Commission Supérieure de Recours, N'djamena, 04 novembre 2001.*

B. La Procédure devant la Commission Supérieure de Recours

1. La saisine

Le mode de saisine de la commission est prévu à l'article 8 du Règlement de N'Djamena qui dispose « Tout recours doit être fait par écrit dans les délais requis et adressé en cinq exemplaires par pli postal recommandé avec avis de réception au secrétariat de la Commission Supérieure de Recours ».

Les délais de saisine varient selon la nature de la décision contre laquelle la Commission est saisie. Ainsi, ils sont : - de trois mois contre une décision relative à une opposition, à compter de la réception de la notification aux intéressés ; ils sont de soixante jours lorsqu'il s'agit du rejet d'une demande d'enregistrement[125].

Il convient de noter également que la Commission Supérieure de Recours fait une interprétation stricte des dispositions de l'article 14 de l'Annexe III qui fonde de décisions de rejet prises sur l'irrégularité.

---

[125] *Voir décision n° 00112/CSR/OAPI du 20 octobre 2008 sur le recours en annulation de la décision n° 0097/OAPI/DG/SCAJ du 20 juin 2007 portant radiation de l'enregistrement de la marque « CHARME D7 », Recueil de décisions de la Commission Supérieure de Recours près de l'OAPI, Session du 16 au 20 octobre 2008. En l'espèce, la Commission Supérieure de Recours avait confirmé la décision de Directeur Général radiant l'enregistrement de ladite marque au motif « Qu'elle peut induire dans l'esprit du consommateur d'attention moyenne, une confusion laissant croire qu'il s'agit d'un dérivé de la marque « CHARME Vignette »ou d'une autre déclinaison desdits produits ou encore d'un développement pour de nouveaux produits de la même marque ».*

Elle opte pour une attitude plus souple en particulier lorsque l'irrégularité est le fait de la mauvaise gestion des pièces de dossiers par l'OAPI et n'hésite pas à annuler les décisions de rejet du Directeur Général de l'OAPI.

De son côté, l'article 9 du Règlement énumère les trois pièces à joindre au dossier du recours qui sont « Une demande en annulation de la décision du Directeur Général, conformément au présent règlement et comportant les noms, adresses et numéros de téléphone, de télex ou de télécopie des parties et de représentant du demandeur, ou toute autre indication permettant de communiquer avec lui ;

- un mémoire ampliatif comprenant un exposé complet des motifs présentés à l'appui de la demande et du justificatif du paiement de la taxe de recours ».

Soulignons que la recevabilité d'un dossier de recours devant la commission dépend de la réunion de toutes ces conditions, aucune exception n'étant permise, il s'agit de la seule responsabilité du recourant.

2. le déroulement de la procédure

En pratique, le secrétariat de la Commission a pour mission de recevoir le recours, le communique au Directeur Général, qui dans un délai d'un mois à compter de la réception, peut s'il estime le recours fondé, revenir sur sa décision[126].

[126] *Guide du Magistrat et des Auxiliaires de justice : le contentieux de la propriété intellectuelle dans l'espace OAPI, OAPI, 2009, p.55.*

C'est, en effet, un réexamen qui est requis du Directeur Général. Il statue sur le recours, et lorsqu'il l'estime fondée, il peut revenir sur sa décision et la taxe de recours payée par le recourant lui est remboursée[127].

Par contre, lorsqu'il n'a pas fait droit au recours dans le délai prévu, le secrétariat transmet le dossier au Président de la Commission Supérieure de Recours dans un délai de huit (8) jours.[128]

S'agissant du respect des délais, l'article 11 du Règlement dispose qu'« A l 'expiration des délais impartis, si une instruction est nécessaire, le rapporteur en fixe les modalités.

Il peut entendre le recourant ou son représentant, le Directeur Général ou son représentant ainsi que tout Expert de son choix aux frais du recourant ».

Il est à noter qu'à la demande soit du recourant ou de son représentant, soit de toute autre partie à la procédure, et avant l'ouverture de la session, la procédure peut être orale[129].

Il convient de souligner que toutes les décisions de la commission sont prises à la majorité des voix, chaque membre disposant d'une voix. De même, les décisions rendues doivent être motivées[130].

---

[127] *Op.cit-p.56*

[128] *Op.cit-p.56*

[129] *Article 15, alinéa 1 du Règlement portant organisation et fonctionnement de commission supérieure de Recours,*

[130] *Décision n° 00113/CSR/OAPI du 20 octobre 2008 sur le recours en annulation formé contre la décision n° 0096/OAPI/DG/SCAJ du 20 juin 2007 portant radiation de l'enregistrement de la marque "PANTHERE NOIRE". En l'espèce, la Commission Supérieure de Recours a annulé la décision du Directeur Général de l'Organisation prise en violation*

La commission juge en premier et dernier ressort et ses décisions s'imposent à l'organisation[131]. Il convient de souligner que les voies de recours prévues dans l'Accord de Bangui sont d'une importance capitale dans la confiance de justiciables.

En particulier, la rigueur de la Commission Supérieure de Recours intervenant en premier et dernier ressort sur les décisions du Directeur Général, lorsqu'il est saisi par la voie de l'action en opposition[132].

Il en est de même, de l'implication des tribunaux civils des Etats membres qui mettent régulièrement à la disposition de l'Organisation des décisions définitives dans le domaine de la propriété intellectuelle. La procédure trouve également son efficacité dans le système de preuve ainsi que dans la possibilité que les parties aient de demander la révision de décisions judiciaires sur le fond.

---

de des dispositions de la Convention de Paris et de l'accord sur les ADPIC.

[131] *Op.cit- Article 19*

[132] *Décision n° 00114/CSR/OAPI du 20 octobre 2008 sur le recours en annulation de la décision n° 07/0001/OAPI/DG/DPG/SSD du 15 mai 2007 portant rejet de la demande d'enregistrement de la marque « EUCALPYTINE ». En l'espèce, la Commission Supérieure de Recours a annulé la décision du Directeur Général pour violation des dispositions de l'article 14 annexe III de l'Accord de Bangui.*

Section II. S'agissant de la République Démocratique du Congo

A la différence de ce qui est prévu par l'Accord de Bangui, la loi Congolaise de 1982 n'institue pas d'organes spécialisés, habilités à connaître des recours administratifs. Le ministre en charge de l'industrie et des petites et moyennes entreprises joue les deux missions d'organe de délivrances et de recours.

Paragraphe unique : Le Ministre de l'industrie et des PME

A. La procédure de recours devant le Ministre de l'industrie et des PME

En matière de propriété industrielle la loi reconnaît au ministre en charge de l'industrie et de PME le pouvoir notamment de délivrer le titre d'enregistrement de marque[133] et d'en apprécier la validité. De manière générale, la loi Congolaise prévoit un dispositif similaire à celui de l'Accord de Bangui pour mettre en mouvement le recours administratif devant le Directeur Général de l'OAPI.

B. La nature de la décision du Ministre de l'industrie et des PME

Etant donné qu'il s'agit d'un recours administratif, la nature de la décision du Ministre est gracieuse. En principe, toute décision qu'il prend en matière de propriété industrielle peut faire l'objet d'une action en annulation devant les tribunaux civils.

---

[133] *Article 24 de la loi 82-001 du 07 janvier 1982 régissant la propriété industrielle, J.O.Z., n° 2, 15 janvier 1982, p.2*

Chapitre III

L'action en opposition : Un mécanisme dissuasif et efficace

La doctrine dominante soutient que le fait que l'on ne vérifie pas d'office si le signe déposé est disponible, impose de ménager certains droits antérieurs et d'éviter d'enregistrer une marque quand un tiers détient un droit de marque sur un signe identique ou similaire pour désigner des produits identiques ou similaires et peut pour cette raison faire annuler l'enregistrement et le cas échéant agir en contrefaçon[134].

L'opposition est une mesure préventive permettant au propriétaire d'une marque déposée, enregistrée ou notoirement connue ainsi qu'à un licencié exclusif de contester l'enregistrement d'une marque par un tiers, en invoquant l'antériorité de celle-ci. L'opposition intervient dans le cadre d'une procédure administrative et n'est possible qu'auprès de l'office qui a procédé à l'enregistrement de ladite marque. La doctrine relève certains intérêts de la technique.

D'une part, l'Administration, dispensée de l'examen des antériorités, qui serait long, coûteux et probablement vain compte tenu de la variété des antériorités possibles, peut s'en remettre aux titulaires de droits antérieurs ou tout au moins de certains d'entre eux ;

---

[134] *Passa (J.), Traité de droit de la propriété industrielle: -Marque et autres signes distinctifs; -Dessins et modèles, tome 1, L.G.D.J., 2e édition, 2009, p.200.*

d'autre part, ces titulaires n'ont plus nécessairement à faire les frais d'un procès pour faire annuler la marque enregistrée au mépris de leurs droits[135].

L'opposition trouve sa raison d'être dans la question de validité d'un titre. Depuis l'accord sur les ADPIC, il a été prévu un recours pour le réexamen de la décision. Ainsi, les titres délivrés doivent obéir à certains critères obligatoires, à défaut, ils sont susceptibles d'être attaqués. Les deux législations que nous examinons prévoient cette voie de recours. L'action en opposition repose sur une base légale dans l'espace OAPI (Section I), alors qu'en République Démocratique du Congo, l'on fait recours au droit commun (Section II).

---

[135] *Op.cit – n °176, p. 200.*

Section I : Le domaine et la base légale de l'opposition dans l'espace OAPI

S'agissant de l'espace OAPI, la procédure est régie par un dispositif qui dispose que « Tout intéressé peut faire opposition à l'enregistrement d'une marque en adressant à l'Organisation et dans un délai de Six mois[136], à compter de la publication visée à l'article 17 précèdent, un avis écrit exposant les motifs de son opposition, lesquels doivent avoir pour fondement une violation des dispositions des articles 2 ou 3 de la présente Annexe ou d'un droit antérieur à l'opposant[137] ». Il y a également l'instruction administrative n°412.

Pour la marque, l'opposition peut être considérée comme faisant partie de l'examen de la marque. Il y a des critères qui sont examinés par tout intéressé qui peut saisir le Directeur Général de l'OAPI pour s'opposer à la délivrance d'un titre, lorsqu'il y a risque de confusion.

[136] *Décision n° 0119/OAPI/CSR du 15 mai 2009, recours en annulation contre la décision n°0080/OAPI/DG/DGA/SCAJ du 23 mai 2008 portant rejet de la revendication de la propriété de la marque « Crédit Agricole + Logo CA ». RDCSR., p.3. L'action en opposition doit être intentée dans les délais impartis par l'Accord de Bangui. A défaut, c'est l'irrecevabilité avec pour conséquence le rejet de la requête par le Directeur Général de l'OAPI.*

[137] *Article 18, alinéa 1 de l'Annexe III. L'article 23 de la loi Congolaise a des similarités avec l'Accord de Bangui.*

Par exemple, la « *disponibilité.* »

Soulignons que pour la disponibilité, l'OAPI ne vérifie que si le signe porte atteinte à l'ordre public ; aux bonnes mœurs et aux lois. L'action en opposition n'est possible que lorsque la marque est enregistrée[138].

A. L'opposant : tout intéressé

Cette action ne porte pas uniquement sur un droit antérieur. Elle peut être intentée sur des signes distinctifs dès lors qu'ils ne sont pas contraires à l'ordre public et aux bonnes mœurs. En l'absence de précision par l'Accord de Bangui quant aux personnes habilitées à former l'action en opposition, l'on peut se contenter de dire il peut s'agir : - d'un Etat ; des organismes officiels de l'Etat ; - du Procureur de la République ;

- du titulaire d'un droit allégué de lésion par le droit antérieur de l'enregistrement, d'un organisme de défense d'intérêts[139] à condition de justifier d'un mandat d'agir. La procédure d'opposition est contradictoire.

Pendant la phase de communication des pièces, l'administration de l'OAPI ne dit rien sur différentes pièces échangées entre les parties ce, jusqu'à la fin de l'examen.

---

[138] *Voir en ce sens, Commission Supérieure de Recours auprès de l'OAPI, session du 11 au 17 mai 2009, décision n° 00118/OAPI/CSR du 15 mai 2009, recours en annulation contre la décision n° 048/OAPI/DG/DGA/SCAJ du 23 mai 2008 portant rejet de l'opposition à l'enregistrement de la marque « MAMI Label », R.D.CSR, p.5*

[139] *Décision n° 041/OAPI/DG/DGA/DAJ/SAJ portant radiation de l'enregistrement de la marque « RIVADERM PARIS ». R.D.CSR, p.2. En l'espèce, l'action était intentée par la Fédération des industries de la parfumerie. Pour une fédération, elle devrait produire ses « Statuts ».*

Concrètement, l'Organisation envoie une copie de l'avis d'opposition au déposant, le cas échéant à son mandataire. Il dispose ainsi d'un délai de trois mois renouvelable une fois pour répondre à l'opposition, faire valoir ses droits.

En principe, les décisions rendues par les Etats ont autorité de chose jugée, à l'exception de celles relatives à l'ordre public. De sorte que, si un Etat membre de l'OAPI refuse un signe pour cause d'ordre public, on doit préciser que la marque n'est valable que dans les 16 Etats, à l'exception dudit Etat. Par exemple, la République islamique de Mauritanie (pour un signe qui serait contraire à l'islam).

B. Le droit antérieur ne pouvant être valablement invoqué

Il s'agit notamment des signes enregistrés, mais tombés dans le domaine public ; de marque d'usage des signes non enregistrés ; de marque notoirement connue mais non enregistrée à l'OAPI. A ce propos, il convient de rappeler qu'à l'OAPI, la notoriété n'est pas un fondement accepté. L'Accord de Bangui fait exception de l'article 6bis de la Convention de Paris pour la protection de la propriété industrielle.

Toutefois, à titre exceptionnel, la marque notoire ne bénéficie d'une protection que par l'action en annulation de la marque enregistrée[140] susceptible de créer une confusion avec elle. De sorte que, s'agissant de l'OAPI, la marque s'acquiert au dépôt et non à l'usage.

---

[140] *Décision n° 0123/OAPI/CSR du 15 mai 2009, recours en annulation contre la décision n° 0084/OAPI/DG/DGA/SCAJ du 23 mai 2008 portant radiation partielle de l'enregistrement de la marque « Logo CA Stylisé», Recueil de décisions de la Commission Supérieure de Recours, Session du 11 au 17 mai 2009.*

Section II : La procédure prévue dans la loi Congolaise de janvier 1982

A l'instar de l'Accord de Bangui, la loi Congolaise ne prévoit aucun dispositif sur l'action en opposition en matière de propriété industrielle. De sorte que, cette action n'est possible que selon les règles du droit commun.

En matière de marque, l'opposition est une technique récente et moderne créé, au début des années 1990, surtout sous l'impulsion des ADPIC, en vue de faire l'économie d'actions au principal, ce qui, à notre sens, explique son caractère limité.

En France, c'est une loi du 4 janvier 1991 qui a institué l'opposition, elle figure à l'article R.712-18 du Code de la propriété intellectuelle.

A. L'absence de la procédure d'opposition en droit Congolais

Notre étude a démontré plusieurs aspects du caractère lacunaire et vétuste de la loi du 07 janvier 1982 relative à la propriété industrielle. La République Démocratique du Congo pourtant signataire du Traité instituant l'OMC, n'a pas encore mis sa loi en conformité selon les recommandations des ADPIC. Ce qui, à notre avis explique de nombreuses lacunes, parfois source d'insécurité juridique.

Que faire lorsqu'une marque protégée fait l'objet d'une demande d'enregistrement par tiers ?

En application de la loi de 1982, tout propriétaire d'une marque protégée a le choix, soit de saisir le Ministre en charge de l'industrie et des Petites et Moyennes en Entreprises par une action en revendication de propriété[141], soit de saisir le tribunal civil par l'action en nullité.

S'agissant de l'action en revendication de propriété, il faut souligner que son succès est lié à la fois à la preuve d'un usage antérieur de la marque en cause et au caractère frauduleux du dépôt ultérieur par le tiers. Pour la jurisprudence, il suffit de démontrer l'usage antérieur du signe dans le commerce et dans la même spécialité, ou des préparatifs sérieux d'exploitation[142].

---

[141] *Voir l'affaire dite de « Bataille des brasseurs autour d'un logo », avec plainte jusqu'au sommet de l'Etat. En l'espèce, une brasserie propriétaire d'une marque depuis 1903, en RD Congo, avait saisit le Ministre de l'industrie et des PME en revendiquant la propriété dudit logo. Cette action a abouti à l'interdiction de l'utilisation de ce même logo par une autre brasserie. Le Ministre de l'industrie avait également pris sa décision sur la base de la concurrence déloyale. Cf. Digitalcongo.net du 02 juin 2008 ; voir également la lettre du Ministre de l'industrie à l'ADG de la Bralima : N. Réf.465/03/CAB/MN/PME/ 2008 du 25 mars 2008. (Http : www.digitalcongo.net/article/51731).*

[142] *C. Cass. Com., 21 janvier 2004, PIBD 2004, n°785, III, 262 ; CA Paris, 12 novembre 2003, PIBD 2004, n°780, III, 102, qui exige un usage « d'une manière publique, non équivoque, non précaire et continue».*

En ce qui concerne la fraude, la jurisprudence décide qu'elle est constituée lorsque le déposant, au moment du dépôt, avait connaissance de cet usage antérieur[143] ou des préparatifs, ou ne pouvait les ignorer[144], et a réalisé le dépôt dans le seul but d'opposer au tiers pour lui nuire[145], ou d'en tirer profit illicite au regard des fonctions de la marque, en proposant à ce tiers un contrat de licence[146].

B. L'action en opposition : une procédure facultative

Par ailleurs, nous sommes d'accord avec la jurisprudence qui considère qu'étant donné que l'opposition n'est pas la seule voie ouverte au propriétaire d'une marque qui veut faire cesser les atteintes dont il est victime, il ne saurait être reproché à une personne physique ou morale de ne pas avoir eu recours à cette procédure[147].

En conséquence, « la procédure d'opposition n'est pas un préalable obligatoire à l'action en contrefaçon et une défenderesse ne saurait donc se prévaloir de ce que le propriétaire de la marque n'aurait pas diligenté une telle procédure »[148].

---

[143] *CA Paris, 9 mai 2003, PIBD n° 773, III, 510.*

[144] *CA Douai, 13 oct.2003, CA Paris, 5 mai 2004, PIBD 2004, n°793, III, 520 (anciens salariés).*

[145] *CA Paris, 17 févr. 1999, Ann. Prop. Ind. 1999, p. 2001.*

[146] *C. Cass. com., 21 sept. 2004, PIBD 2004, n°797, III, 648; Prop. Ind. Janv. 2005, comm., 4, obs. P. TREFIGNY, qui relève que la fraude ressort notamment de ce que le déposant n'exerçait pas son activité dans le secteur pour lequel la marque avait été déposée.*

[147] *CA Paris, 4e ch., 26 fév. 1997, Gaz. Pal. 1997, 1, 253.*

[148] *CA Paris, 4e ch. , 8 avr. 1998, Juke Box c/ Benhamou, Gaz. Pal. 1998, 2 545.*

Le fait que le recours à l'opposition ne soit possible qu'après la publication des demandes au Bulletin Officiel de la Propriété Intellectuelle (BOPI) suppose que les propriétaires des marques doivent veiller en permanence sur les nouveaux dépôts or, tous n'ont pas toujours cette facilité, ni les moyens de se faire assister par des sociétés spécialisées. Pendant ce temps, les délais sont écoulés et le tiers qui a déposé la marque d'autrui en tire profit par l'exploitation, ce qui à notre avis, peut être source d'insécurité juridique.

Conclusion Générale

Notre travail nous a permis d'analyser les points de ressemblance ainsi que les points de différence sur la procédure d'enregistrement d'une marque à la lumière de deux législations à savoir, celle applicable dans l'espace OAPI, issue de l'Accord de Bangui et la loi de la République Démocratique du Congo.

Nous sommes conscients d'une part, que les deux législations sont d'origine civiliste et surtout qu'elles ont été rédigées conformément à la Convention de Paris de 1883 sur la protection industrielle et d'autre part, qu'elles sont appelées à obéir aux exigences fixées par l'accord sur les ADPIC. Ce qui a conduit à la révision de l'Accord de Bangui en 1999. Alors que la loi Congolaise est restée la même depuis sa publication en 1982.

Nous avons choisi d'analyser la procédure d'enregistrement des marques à partir de la pratique administrative entre les deux législations.

Plus qu'une analyse, nous avons voulu apporter notre modeste contribution à l'adresse de ceux qui s'intéressent à la propriété industrielle dans les deux territoires de l'Afrique francophone.

Le système OAPI prévoit un dispositif uniforme constitué par l'Accord de Bangui ; des procédures administratives uniformes et centralisées à l'OAPI qui est l'office commun aux 17 Etats membres. Les Etats membres forment un espace juridique commun. Ceci avec comme conséquence qu'un titre délivré à l'OAPI vaut sur les 17 autres territoires et tout titre déposé est un dépôt national.

L'analyse a montré que dans les deux législations, le nombre de demande d'enregistrement de la marque occupe une place non négligeable. Toutefois, il est important de souligner que le système OAPI est plus moderne et constitue une expérience réussie. Malgré des imperfections qu'il convient de corriger.

S'agissant des marques, L'Accord de Bangui qui, à ce jour, est le « *Code de la propriété intellectuelle* » prévoit une Annexe (III) qui traite de manière détaillée des différents signes susceptibles d'enregistrement en tant que marques.

L'analyse a également montré qu'à l'instar de l'Accord de Bangui, la loi Congolaise du 07 janvier 1982 ne prévoit pas de Code de la propriété intellectuelle, donc fait office de Code de Propriété Industrielle. S'agissant des marques, le dispositif contient quelques articles sommaires et le reste traite aussi des brevets d'invention. Ce qui, à notre sens peut constituer une source d'insécurité judiciaire.

L'Accord de Bangui reconnait au Directeur de l'OAPI le pouvoir de délivrance de titre de marque, ses décisions sont susceptibles de recours devant la Commission Supérieure de Recours qui est une instance à caractère « juridictionnel » composé des juges professionnels issus des Etats membres qui veillent au respect du principe du contradictoire.

Alors que la loi Congolaise de janvier 1982 attribue le pouvoir de délivrance de titre de marque au Ministre en charge de l'industrie et des Petites et Moyennes Entreprises. Force est de constater que cette même autorité connait également de recours des décisions qu'il a lui-même rendues, ce qui à notre avis ne garantit pas vraiment le sacro-saint principe du droit de la défense.

L'analyse a également montré que le fait que le système OAPI laisse aux juridictions nationales le pouvoir de prononcer la sanction constitue une faille susceptible d'entrainer une insécurité judiciaire. Dans la mesure où leurs décisions font autorité dans l'ensemble du territoire de l'OAPI or, certaines d'entre elles sont mal rendues donc susceptibles d'induire davantage d'autres juges en erreur. Elles connaissent de la nullité selon les règles du droit commun. En attendant la création d'une Cour de justice supranationale comme la CCJA de l'OHADA, la vigilance s'impose dans la lecture des décisions publiées dans le « *Recueil de décisions de justice en matière de la propriété intellectuelle* ».

Cependant, le fait que l'OAPI ait intégré parmi ses priorités, la formation de la propriété industrielle à l'adresse des Magistrats et des Auxiliaires de justice constitue à notre avis une garantie supplémentaire dans la prise de décisions dans une discipline aussi technique et qui requiert une bonne compréhension de différents aspects, notamment sur le contentieux de marques.

Il a été montré qu'à l'instar de l'Accord de Bangui, la loi Congolaise de 1982 ne prévoit pas d'organe « juridictionnel » pour connaître des recours contre les décisions du Ministre en charge de la propriété industrielle, ce qui à notre sens est regrettable. D'autre part, l'absence d'un dispositif moderne en droit Congolais complique davantage une meilleure compréhension des décisions rendues par des tribunaux civils, à cela s'ajoute la non publication des décisions rendues par le ministre en charge de la propriété industrielle.

Bibliographie

I. Ouvrages

AZEMA (J) et GALLOUX (J.C.), Droit de la propriété industrielle, Paris, Dalloz, 2006.

BATTEUR (A), Le mandat apparent en droit privé, Thèse Caen, 1989.

BERTRAND (A.R.), Droit des marques, signes distinctifs, noms de domaine, Paris, Dalloz, 2e édition, 2005.

BERTRAND (A), La propriété intellectuelle, Livre II, marques et brevets, dessins et modèles, Paris, Delmas, 1995.

BRAUN (A), Précis des marques, Larcier, 1995.

BOUCHOUX (Deborah E), La propriété intellectuelle : le droit des marques, le droit d'auteur, le droit de brevet d'inventions et des secrets commerciaux, Paris, Nouveaux Horizons-ARS, 2007.

CARBONNIER (J), Droit civil Tome 4 : les obligations, Paris, PUF, 2000.

CHAVANNE (A) et BURST (J-J.), Droit de la propriété industrielle, Paris, Dalloz, 1990.

CORNU (G), Vocabulaire juridique, Paris, PUF 2009.

DE BEAUFORT (V), (Dir.), Droits de propriété intellectuelle dans un monde globalisé, collection Vuibert, Paris, 2009.

DJOMGA (Ch.D.), La procédure d'opposition à l'enregistrement des marques dans l'espace OAPI, Presses Universitaires Libres, 2006.

GALLOUX (J-C.), Droit de la propriété industrielle, Paris, Dalloz, 2000.

GASTINEL (E.), La marque communautaire, L.G.D.J., 1998.

MATHELY (P), Le nouveau droit Français des marques, éd. du JNA, 1994.

----------------, Le droit Français des signes distinctifs, Paris, Librairie du Journal des Notaires et des Avocats, 1984.

PASSA (J), Droit de la propriété industrielle, Tome 1, Paris, LGDJ, 2006.

POLLAUD-DULLIAN (F), Droit de la propriété industrielle, Montchrestien, 1999.

ROUBIER (P), Le droit de la propriété industrielle, Tome 1, Sirey, 1952.

----------------, Droits subjectifs et situations juridiques, Paris, Dalloz, 1963.

ROUJOU DE BORBEE (I.M.), Les marques déceptives, Thèse de Doctorat, Paris, 1990.

SCHIMDT-SZALEWSKI (J), Marques de fabriques, de commerce ou de services, Paris, Dalloz, 2006.

SCHIMDT-SZALEWSKI (J) et PIERRE (J.-L.), Droit de la propriété industrielle, Litec, 1996.

II. ARTICLES

BONNET (G), « Epuisement du droit de marques, reconditionnement du produit marqué : confirmations et extrapolations », in Mélanges offerts à J-J. BURST, Litec, 1997.

BOUTRON (P), « conséquence de la non-exploitation », in Le nouveau droit des marques en France, Paris, 1991.

CHAVANNE (A), « L'évaluation des dommages-intérêts dans les instances en contrefaçon de marques de fabrique », RIPIA, 1964.

--------------------, « Droits sur les signes distinctifs », RTDC, Octobre –Décembre 1991.

DABIEN (J), « Droits intellectuels comme catégorie juridique », revue critique de législation et jurisprudence, 1939, n°1-2, P.446.

DOSSO (M), « L'évaluation du préjudice né de la contrefaçon du brevet d'invention, séminaire sur la propriété industrielle : comment protéger, exploiter et rentabiliser son invention ? Nouakchott, 8-10 juin 2010.

EKANI (D), « Les innovations de l'Accord de Bangui du 2 mars 1977 », La propriété industrielle, Juin 1982.

KIMINOU (R), « De l'épuisement des droits de propriété industrielle de l'OAPI », RDPI, mars 2001.

LUCHAIRE (F), « Quelles sont les lois applicables de plein droit dans la France d'Outre-mer ? », Recueil Dalloz, 1950, Chronique.

MALAURIE (PH.), Cours de droit civil. Tome VIII, Les contrats spéciaux, civils et vente, mandat, bail, contrat d'entreprise, échange, location-vente, crédit-bail, contrat d'entreprise, contrats de distribution, dépôt, prêts, jeu et pari, rente viagère, transaction, clause compromissoire, compromis, 10 édition, Cujas 1996.

MEUNIER-CŒUR (I), « Notoriété et renommée de la marque », revue mensuelle Lexis Nexis Juris classeur-propriété industrielle, avril 2005.

NDEMA ELONGUE (M.L.), « L'évaluation du préjudice né de la contrefaçon dans l'espace OAPI : entre archaïsme et modernisme », La Gazelle, RESPIA, juillet 2008.

NUSSENBAUM(M), « Evaluation du préjudice de marque », JCP, 1993.

PETEL (PH.), Les obligations du mandataire, thèse Montpellier I, 1987.

PERROT-MOREL (M.A), « L'opposabilité des antériorités en matière de marques de fabrique, de commerce ou de service », RTDC, Paris, Sirey, 1971.

PLAISANT (R), « Marques, signes susceptibles de constituer une marque », in Juris Classeur marques, 1985.

ROUBIER (P), « Unité et synthèse des droits de propriété industrielle », in Etudes sur la propriété industrielle littéraire et artistique, Mélanges Plaisant, Paris, Sirey ,1960.

-----------------, « Droits intellectuels ou Droits de clientèle », RTD, Civ. 1935, p.292.

RODHAIN (C), « Contrefaçon : réparation et indemnisation », Gaz. Pal. 1989.

SERE DE LA NAUZE (TH.), La responsabilité civile du mandat du fait de son mandataire, thèse Paris I, 1979.

SCHAMING (B), « Notoriété de la marque et déchéance : courtes considérations sur une immunité illusoire », Revue mensuelle Lexis Nexis Juris Classeur – Propriété industrielle, mars 2004.

VIVANT (M), « Pour une épure de la propriété intellectuelle », in Mélanges Françon, Dalloz, 1995, p.415 et suivants.

---------------, « De la diffusion du « géni » à l'embastillage cognitif ou sur un usage nouveau de la propriété intellectuelle », in Les concepts émergents en droit des affaires, sous la direction de LE DOLLEY, LGDJ, 2010, p.207.

III. CODES ET TEXTES DE LOIS

A) TEXTES INTERNATIONAUX ET COMMUNAUTAIRES

- Convention de Paris pour la protection de la propriété industrielle du 20 mars 1883 telle que révisée à Stockholm le 14 juillet 1967.

- Accord de Bangui du 02 mars 1977 portant création d'une Organisation Africaine de la Propriété Intellectuelle.

- Accord sur les aspects des droits de propriété intellectuelle qui touchent au commerce, Annexe I C de l'Accord instituant l'OMC, signé à Marrakech le 15 avril 1994.

- Accord de Bangui du 02 mars 1977 portant création d'une Organisation Africaine de la Propriété Intellectuelle, révisé le 24 février 1999.

- L'Arrangement de la Haye concernant le dépôt international des dessins ou modèles industriels, du 6 novembre 1925, tel que révisé à La Haye le 28 novembre 1960 et à Stockholm le 14 juillet 1967.

- Convention Internationale instituant l'Organisation Mondiale de la Propriété Intellectuelle, signée à Stockholm le 14 juillet 1967.

- Traité de Nairobi concernant la protection du symbole Olympique du 26 septembre 1981.

- Traité de Vienne concernant l'enregistrement des marques, du 12 juin 1973.

- Convention Benelux en matière de propriété intellectuelle (marques et dessins ou modèles) du 25 février 2005.

- Convention Benelux en matière de marques de produits et Loi Uniforme Benelux sur les marques, du 19 mars 1962.

- Arrangement de Madrid concernant l'enregistrement international des marques du 14 avril 1891.

- Protocole relatif à l'Arrangement de Madrid concernant l'enregistrement international des marques du 27 juin 1989.

- Acte Uniforme relatif au Droit Commercial Général, (OHADA).

- Arrangement de Nice concernant la classification internationale des produits et des services aux fins d'enregistrement des marques du 15 juin 1957, tel que modifié le 28 septembre 1979.

- Traité de Port-Louis instituant l'Organisation pour l'Harmonisation du Droit des Affaires en Afrique du 17 octobre 1993.

- Traité de Singapour sur le droit des marques du 27 mars 2006.

B)LEGISLATION DE LA REPUBLIQUE DEMOCRATIQUE DU CONGO

-Décret du Roi souverain des Belges sur les marques de fabrique et de commerce du 26 avril 1888.

-Décret du Roi souverain des Belges sur les dessins et modèles industriels du 24 avril 1922

-L'Ordonnance n041/63 du 4 février 1950 sur la concurrence déloyale

-Loi n° 82-001 du 7 janvier 1982 régissant la propriété industrielle

-Ordonnance 172 du 15 juin 1964 fixant le montant de la taxe à payer sur le dépôt de dessins et modèles industriels.

-Arrêté départemental DENI/CAB/031/88 du 1er décembre 1988 portant statut et gestion de la marque nationale de conformité aux normes.

-Ordonnance 89 -173 portant mesures d'exécution de la loi 82-001 du 7 janvier 1982 régissant la propriété industrielle.

-Arrêté Ministériel 007/CAB/MINICPMEA/2002 du 20 avril 2002 portant création d'une Commission ad hoc d'agrément des Mandataires ou Conseil en Propriété Intellectuelle.

C) LES TEXTES REGISSANT L'OAPI

L'Accord de Bangui révisé, Acte du 02 mars 1977 portant création de l'Organisation Africaine de la Propriété Intellectuelle, du 24 février 1999.

D) CODES

-Code Civil, Paris, Dalloz, 2012.

- Code de la propriété intellectuelle (Français), Litec, 2010.

-Les Codes LARCIER sur la RD Congo, sous la direction juridique de LUHONGE KABINDA NGOY, édition Larcier, Bruxelles, 2003.

-Lexique de termes juridiques, sous la direction de GUINCHARD (S), Paris, Dalloz, 2011.

E) GUIDE

GUIDE DU MAGISTRAT ET DES AUXILLIAIRES : « Le contentieux de la propriété intellectuelle dans l'espace OAPI », (Dir.) Dr. EDOU EDOU (P.) !ère édition, OAPI, 2009.

IV. RECUEILS

-Recueil des décisions de la Commission Supérieure des Recours auprès de l'OAPI, session de 2000 à 2002.

-Recueil des décisions de la Commission Supérieure des Recours auprès de l'OAPI, session de 2003 à 2005.

-Recueil des décisions de la Commission Supérieure de Recours de l'OAPI, session du 16 au 20 Octobre 2008.

-Recueil des décisions de justice des pays membres de l'OAPI, tome1 ;

-Recueil des décisions de justice des pays membres de l'OAPI.

V. SITES INTERNET

- www.oapi.int

- www.wipo.int

- www.inpi.fr

- www.oami.europa.eu

- www.leganet.cd

-www.juritel.com

- www.senat.fr/rap/108-161/html

- www.assemblee-nationale.fr/13/dossiers/execution_discussion_justice.asp

- www.oapi.int/index.php/en/ressources/outils-du-deposant/forms

ARRANGEMENT DE NICE

CONCERNANT LA CLASSIFICATION INTERNATIONALE DES PRODUITS ET DES SERVICES AUX FINS DE L'ENREGISTREMENT DES MARQUES.

(Instituée en vertu d'un arrangement conclu lors de la Conférence diplomatique de Nice le 15 juin 1957, révisé à Stockholm en 1967 et à Genève en 1977, et modifié en 1979).

10è édition, en vigueur le 1er Janvier 2012.

PRODUITS

Classe 1 : Produits chimiques destinés à l'industrie, aux sciences, à la photographie, ainsi qu'à l'agriculture, l'horticulture et la sylviculture ; résines artificielles à l'état brut, matières plastiques à l'état brut ; engrais pour les terres ; compositions extinctrices ; préparation pour la trempe et la soudure des métaux ; produits chimiques destinés à conserver les aliments ; matières tannantes ; adhésifs (matières collantes) destinées à l'industrie. Sel pour conserver, autres que pour les aliments ; sels à usage industriel ; réactifs chimiques autres qu'à usage médical ou vétérinaire ; décolorants à usage industriel.

Classe 2 : Couleurs, vernis, laques (peintures), préservatifs contre la rouille et contre la détérioration du bois ; matières tinctoriales ; mordants ; résines naturelles à l'état brut ; métaux en feuilles et en poudre pour peintres, décorateurs, imprimeurs et artiste. Colorants pour boissons ou aliments ; encres d'imprimerie ; encre pour la peausserie ; enduits (peintures).

Classe 3 : Préparations pour blanchir et autres substances pour lessiver ; préparations pour nettoyer, polir, dégraisser et abraser ; savons ; parfums, huiles essentielles, cosmétiques, lotions pour cheveux ; dentifrice. Dépilatoires ; produits de démaquillage ; rouge à lèvres ; masque de beauté ; produits de rasage ; produits pour la conservation du cuir (cirages) ; crèmes pour le cuir.

Classe 4 : Huiles et graisses industrielles ; lubrifiants ; produits pour absorber, arroser, lier la poussière ; combustibles (y compris les essences pour moteurs) et matières éclairantes ; bougies et mèches pour l'éclairage. Bois de feu ; gaz d'éclairage.

Classe 5 : Produits pharmaceutiques et vétérinaires ; produits hygiéniques pour la médecine ; substances diététiques à usage médical ; aliments pour bébés : emplâtres, matériel pour pansements ; matières pour plomber les dents et pour empreintes les dentaires ; désinfectants ; produits pour la destruction des animaux nuisibles ; fongicides, herbicides. Bains médicaux ; bandes, culottes ou serviettes hygiéniques ; préparations chimiques à usage médical ou pharmaceutiques ; herbes médicinales ; tisanes ; parasiticides ; sucre à usage médical ; alliages de métaux précieux à usage dentaire.

Classe 6 : Métaux communs et leurs alliages ; matériaux de construction métalliques ; constructions transportables métalliques ; matériaux métalliques pour les voies ferrées ; câbles, fils et serrurerie métalliques non électriques ; quincaillerie métallique ; tuyaux métalliques ; coffres-forts ; minerais. Constructions métalliques : échafaudages métalliques ; boîtes en métaux communs ; coffres métalliques ; récipients d'emballage en métal ; monuments funéraires métalliques ; objets d'art en métaux communs ; statues ou figurines (statuettes) en métaux communs ; plaques d'immatriculation métalliques.

Classe 7 : Machines-outils : moteurs (à l'exception des moteurs pour véhicules terrestres) ; accouplements et organes de transmission (à l'exception de ceux pour véhicules terrestres) ; instruments agricoles autres que ceux actionnés manuellement ; couveuses pour les œufs. Machines agricoles ; machines d'aspiration à usage industriel ; machines à travailler le bois ; manipulateurs industriels (machines) ; machines d'emballage ou d'empaquetage ; pompes (machines) ; perceuses à main électriques ; tondeuses (machines) ; bouldozeurs ; broyeurs (machines) ; centrifugeuses (machines) ; ascenseurs ; machines à coudre, à tricoter ; repasseuses ; machines à laver ; machines de cuisine électriques ; machines à trier pour l'industrie ; scies (machines) ; robots (machines) ; machines à imprimer ; foreuses ; élévateurs ; couteaux électriques.

Classe 8 : Outils et instruments à main entraînés manuellement ; coutellerie, fourchettes et cuillers ; armes blanches ; rasoirs. Appareils pour l'abattage des animaux de boucherie ; outils à main actionnés manuellement pour le jardinage ; tondeuses (instruments à main).

Classe 9 : Appareils et instruments scientifiques (autre qu'à usage médical), nautiques, géodésiques, photographiques, cinématographiques, optiques, de pesage, de mesurage, de signalisation, de contrôle (inspection), de secours (sauvetage) et d'enseignement ; appareils et instruments pour la conduite, la distribution, la transformation, l'accumulation, le réglage ou la commande du courant électrique ; appareil pour l'enregistrement, la transmission, la reproduction ou le traitement du son ou des images ; supports d'enregistrement magnétiques, disques acoustiques ou optiques, disquettes souples ; distributeurs automatiques et mécanismes pour appareil à prépaiement ;

caisses enregistreuses, machines à calculer , équipement pour le traitement de l'information et les ordinateurs ; extincteurs. Logiciels de jeux ; logiciels (programmes enregistrés) ; périphériques d'ordinateurs ; batteries électriques ; détecteurs ; fils électriques ; relais électriques ; combinaisons, costumes, gants ou masques de plongée ; vêtements de protection contre les accidents, les irradiations et le feu ; dispositifs de protection personnels contre les accidents ; lunettes (optiques) ; articles de lunetterie ; étuis à lunettes ; appareils pour le diagnostic non à usage médical ; carte à mémoire ou à microprocesseur ; bâches de sauvetage.

Classe 10 : Appareils et instruments chirurgicaux, médicaux, dentaires et vétérinaires ; membres, yeux et dents artificiels ; articles orthopédiques ; matériel de suture. Bas pour les varices ; biberons ; tétines de biberons ; vêtements spéciaux pour salles d'opération ; appareils de massage ; appareils pour massage esthétiques ; prothèses ; implants artificiels ; fauteuils à usage médical ou dentaire ; draps chirurgicaux ; bassins hygiéniques ou à usage médical ; mobilier spécial à usage médical, coutellerie chirurgicale, chaussures orthopédiques.

Classe 11 : Appareils d'éclairage, de chauffage, de production de vapeur, de cuisson, de réfrigération, de séchage, de ventilation, de distribution d'eau et installations sanitaires. Appareils ou installations de climatisation ; congélateurs ; lampes de poche ; cafetières électriques ; cuisinières ; appareils d'éclairage pour véhicules ; installations de chauffage ou de climatisation pour véhicules ; appareils et machines pour la purification de l'air ou de l'eau ; stérilisateurs.

Classe 12 : Véhicule ; appareils de locomotion par terre, par air ou par eau. Moteurs pour véhicules terrestres ; amortisseurs de suspensions pour véhicules ; carrosseries ; chaînes antidérapantes ; châssis ou pare-chocs de véhicules ; stores (pare-soleil) pour automobiles ; ceintures de sécurité pour sièges de véhicules ; véhicules électriques ; caravanes ; tracteurs ; vélomoteurs ; cycles ; béquilles, freins, guidons, jantes, pédales, pneumatiques, roues ou selles de cycles ; poussettes ; chariots de manutention.

Classe 13 : Armes à feu ; munitions et projectiles ; explosifs ; feux d'artifice. Produits pyrotechniques ; pétards ; étuis pour fusils ; fusées de signalisation.

Classe 14 : Joaillerie ; bijouterie, pierres précieuses ; horlogerie et instruments chronométriques ; métaux précieux et leurs alliages. Monnaies ; objets d'art en métaux précieux ; coffrets à bijoux ; boîtes en métaux précieux ; boîtiers, bracelets, chaînes, ressorts ou verres de montre ; porte-clefs de fantaisie ; statues ou figurines (statuettes) en métaux précieux ; étuis ou encres pour l'horlogerie ; médailles.

Classe 15 : Instruments de musique. Instruments de musique électroniques ; pupitres à musique ; étuis pour instruments de musique.

Classe 16 : Produits de l'imprimerie ; articles pour reliures ; photographies ; articles de papeterie ; adhésifs (matières collantes) pour la papeterie ou le ménage ; matériel pour les artistes ; pinceaux ; machines à écrire et articles de bureau (à l'exception des meubles) ; matériel d'instruction ou d'enseignement (à l'exception des appareils) ; caractères d'imprimerie ; cliché. Papier ; carton ; boîtes en carton ou en papier ; affiches ; albums ; cartes ; livres ; journaux ; prospectus ; brochures ; calendriers ; instruments d'écriture ; objets d'art gravés ou lithographiés ; tableaux (peintures) encadrés ou non ; aquarelles ; patrons pour la couture ;

dessins ; instruments de dessin ; mouchoirs de poche en papier ; serviettes de toilette en papier ; linge de table en papier ; papier hygiénique ; couches en papier ou en cellulose (à jeter) ; sacs et sachets (enveloppes, pochettes) en papier ou en matières plastiques pour l'emballage ; sacs à ordures en papier ou en matières plastiques.

Classe 17 : Caoutchouc. Gutta-percha, gomme, amiante, mica ; produits en matières plastiques mi- ouvrées ; matières à calfeutrer, à étouper et à isoler ; tuyaux flexibles non métalliques. Bouchons en caoutchouc ; matières d'emballage (rembourrage) en caoutchouc ou en matières plastiques ; feuilles en matières plastiques à usage agricole ; feuilles métalliques isolantes ; gants, rubans, tissus ou vernis isolants ; résines artificielles ou synthétiques (produits semi-finis) ; sacs ou sachets (enveloppes, pochettes) en caoutchouc pour l'emballage ; fibres ou laine de verre pour isolation.

Classe 18 : Cuir et imitation du cuir ; peaux d'animaux ; malles et valises ; parapluie, parasols et cannes ; fouets et sellerie. Portefeuilles ; porte-monnaie ; sacs à main, à dos, à roulettes ; sacs d'alpinistes, de campeurs, de voyage, de plage, d'écoliers ; coffrets destinés à contenir des affaires de toilette ; colliers ou habits pour animaux ; filets ou sacs à provisions ; sacs ou sachets (enveloppes, pochettes) en cuir pour l'emballage.

Classe 19 : Matériaux de construction non métalliques ; tuyaux rigides non métalliques pour la construction ; asphalte, poix et bitume ; constructions transportables non métalliques ; monuments non métalliques. Constructions non métalliques ; échafaudages non métalliques ; verre de construction ; verre isolant (construction) ; béton ; ciment ; objets d'art en pierre, en béton ou en marbre ; statues ou figurines (statuettes) en pierre, en béton ou en marbre ;

vitraux ; bois de construction ; bois façonnés ; monuments funéraires non métalliques.

Classe 20 : Meubles, glaces (miroirs), cadre. Objets d'art en bois, cire, plâtre, liège, roseau, jonc, osier, corne, os, ivoire, baleine, écaille, ambre, nacre, écume de mer, succédanés de toutes ces matières ou en matières plastiques ; cintres pour vêtements ; commodes ; coussins ; étagères ; récipients d'emballage en matières plastiques ; fauteuils ; sièges ; literie (à l'exception du linge de lit) ; matelas ; urnes funéraires ; vaisseliers ; vannerie ; boîtes en bois ou en matières plastiques.

Classe 21 : Ustensiles et récipients non électriques pour le ménage ou la cuisine ; peignes et éponges ; brosses (à l'exception des pinceaux) ; matériaux pour la brosserie ; instruments de nettoyage actionnés manuellement ; paille de fer ; verre brut ou mi-ouvré (à l'exception du verre de construction) ; porcelaine ; faïence. Bouteilles ; objets d'art en porcelaine, en terre cuite ou en verre ; statues ou figurines (statuettes) en porcelaine, en terre cuite ou en verre ; ustensiles ou nécessaires de toilette ; poubelles ; verres (récipients) ; vaisselle ; aquariums d'appartement.

Classe 22 : Cordes (ni en caoutchouc, ni de raquettes, ni d'instruments de musique), ficelles, tentes, bâches, voiles (gréement) ; matières de rembourrage (à l'exception du caoutchouc ou des matières plastiques) ; matières textiles fibreuses brutes. Câbles non métalliques ; matières d'emballage (rembourrage) ni en caoutchouc, ni en matières plastiques ; fibres textiles ; sacs pour le transport et l'emmagasinage de marchandises en vrac ; sacs ou sachets (enveloppes, pochettes) en matières pour l'emballage.

Classe 23 : Fils à usage textile. Fils élastiques à usage textiles ; fils de caoutchouc à usage textile ; fils de verre à usage textile ; laine filée ; soie filée

Classe 24 : Tissus ; couvertures de lit et de table. Tissus à usage textile ; tissus élastiques ; velours ; linge de lit ; linge de maison ; linge de table non en papier ; linge de bain (à l'exception de l'habillement).

Classe 25 : Vêtements, chaussures, chapellerie. Chemises ; vêtements en cuir ou en imitation du cuir ; ceintures (habillement) ; fourrures (vêtements) ; gants (habillement) ; foulards ; cravates ; bonneterie ; chaussettes ; chaussons ; chaussures de plage ; de ski ou de sport ; couches en matières textiles ; sous-vêtements.

Classe 26 : Dentelles et broderies, rubans et lacets ; boutons, crochets et œillets, épingles et aiguilles ; fleurs artificielles. Articles de mercerie (à l'exception des fils) ; barbes, cheveux ou moustaches postiches ; passementerie ; perruques ; attaches ou fermetures pour vêtements ; articles décoratifs pour la chevelure.

Classe 27 : Tapis, paillassons, nattes, linoléum et autres revêtements de sols (à l'exception des carrelages et des peintures) ; tentures murales non en matières textiles. Carpettes ; papiers peints ; tapis de gymnastique ; tapis pour automobiles ; gazon artificiel.

Classe 28 : Jeux, jouets ; décorations pour arbres de noël (à l'exception des articles d'éclairage). Arbres de Noël en matières synthétiques ; appareils de culture physique ou de gymnastique ; attirail de pêche ; balles ou ballons de jeu ; tables, queues ou billes de billard ; jeux de cartes ou de tables ; patins à glace ou à roulettes ; trottinettes ; planches à voile ou pour le surf ; raquettes ; raquettes à neige ; skis ; rembourrages de protection (parties d'habillement de sport).

Classe 29 : Viande, poisson, volaille et gibier ; extraits de viande ; fruits et légumes conservés, congelés, séchés et cuits ; gelées, confitures, compotes ; œufs, lait et produits laitiers ; huiles et graisses comestibles. Graisses alimentaires ; beurre ; charcuterie ; salaisons ; crustacés (non vivants) ; conserves de viande ou de poisson ; fromages ; boissons lactées ou le lait prédomine.

Classe 30 : Café, thé, cacao, riz, tapioca, sagou, succédanés du café ; farine et préparations faites de céréales, pain, pâtisserie et confiserie, glaces comestibles ; miel, sirop de mélasse ; levure, poudre pour faire lever ; sel, moutarde ; vinaigre, sauces (condiments) ; épices ; glace à rafraîchir, sandwiches, pizzas ; crêpes (alimentation) ; biscuiterie ; gâteaux ; biscottes ; sucreries ; chocolat ; boissons à base de cacao, de café, de chocolat ou de thé.

Classe 31 : Produits agricoles, horticoles et forestiers ni préparés, ni transformés ; animaux vivants ; fruits et légumes frais ; semences (graines), plantes et fleurs naturelles ; aliments pour les animaux ; malt. Gazon naturel ; crustacés vivants ; appâts vivants pour la pêche ; céréales en grains non travaillés ; plantes ; plants ; arbres (végétaux) ; agrumes ; bois bruts ; plantes séchées pour la décoration ; fourrages.

Classe 32 : Bières ; eaux minérales et gazeuses ; boissons de fruits et jus de fruits ; sirops et autres préparations pour faire des boissons. Limonades ; nectars de fruits ; sodas ; apéritifs sans alcool.

Classe 33 : Boissons alcooliques (à l'exception des bières). Cidres ; digestifs (alcools et liqueurs) ; vins ; spiritueux ; extraits ou essences alcooliques.

Classe 34 : Tabac ; articles pour fumeurs ; allumettes. Cigares ; papier à cigarettes ; pipes ; briquets pour fumeurs ; boîtes ou étuis à cigarettes ; cendriers pour fumeurs.

SERVICES

Classe 35 : gestion des affaires commerciales ; administration commerciale ; travaux de bureau. Diffusion de matériel publicitaire (tracts, prospectus, imprimés, échantillons). Services d'abonnement à des journaux (pour des tiers). Conseils en organisation et direction des affaires. Comptabilité. Reproduction de documents. Bureaux de placement. Gestion de fichiers informatiques. Organisation d'expositions à buts commerciaux ou de publicité. Publicité en ligne sur un réseau informatique. Location en temps publicitaire sur tout moyen de communication ; publication de textes publicitaires ; location d'espaces publicitaires ; diffusion d'annonces publicitaires ; relations publiques.

Classe 36 : Assurances ; affaires financières ; affaires monétaires ; affaires immobilières. Caisse de prévoyance. Banque directe. Emission de chèques de voyage ou de cartes de crédit. Estimations immobilières. Gérance de biens immobiliers. Services de financement ; analyse financière et réparation ; constitution ou investissement de capitaux ; consultation en matière financière ; estimations financières (assurances, banques, immobilier) ; placement de fonds.

Classe 37 : Construction d'édifices permanents, de routes, de ponts. Informations en matière de construction. Supervision (direction) de travaux de construction. Maçonnerie. Travaux de plâtrerie ou de plomberie. Travaux de couverture de toits. Service d'étanchéité (construction). Démolition de constructions. Location de machines de chantier. Nettoyage de bâtiments (ménage), d'édifices (surface extérieures) ou de fenêtres. Nettoyage ou entretien de véhicules ; assistance en cas de pannes de véhicules (réparation). Désinfection. Dératisation. Blanchisserie. Rénovation de vêtements. Entretien, nettoyage et réparation du cuir ou des fourrures. Repassage du linge. Tavaux de cordonnerie. Rechapage ou vulcanisation (réparation) de pneus. Installation, entretien et réparation d'appareils de bureau. Installation, entretien et réparation de machines. Installation, entretien et réparation d'ordinateurs. Entretien et réparation d'horlogerie. Réparation de serrures. Restauration de mobilier. Construction navale.

Classe 38 : Télécommunications. Informations en matière de télécommunications. Communications par terminaux d'ordinateurs ou par réseau de fibres optiques. Communications radiophoniques ou téléphoniques. Services de radiotéléphonie mobile. Fourniture d'accès à un réseau informatique mondial. Services d'affichage électronique (télécommunications).

Raccordement par télécommunications à un réseau informatique mondial. Agences de presse ou d'information (nouvelles). Location d'appareils de télécommunication. Emissions radiophoniques ou télévisées. Services de téléconférence. Services de messagerie électronique. Location de temps d'accès à des réseaux informatiques mondiaux.

Classe 39 : Transport ; emballage et entreposage de marchandises ; organisation de voyages. Information en matière de transport. Distribution de journaux. Distribution des eaux ou d'énergie. Remorquage. Location de garages ou de places de stationnement. Location de véhicules, de bateaux ou de chevaux. Services de taxis. Réservation pour les voyages. Entreposage de supports de données ou de documents stockés électroniquement.

Classe 40 : Sciage. Culture. Imprimerie. Information en matière de traitement de matériaux. Services de broderie. Soudure. Polissage (abrasion). Rabotage. Raffinage. Meulage. Meunerie. Services de gravure. Galvanisation. Services de dorure. Services de teinturerie. Retouche de vêtements. Traitement de tissus. Services de reliure. Services d'encadrement d'œuvres d'art. Purification de l'air. Vulcanisation (traitement de matériaux)

Décontamination de matériaux dangereux. Production d'énergie. Tirage de photographes. Développement de pellicules photographiques. Sérigraphie. Services de photogravure. Soufflage (verrerie). Taxidermie. Traitement des déchets (transformation). Tri de déchets et de matières premières de récupération (transformation).

Classe 41 : Education ; formation ; divertissement ; activités sportives et culturelles. Information en matière de divertissement ou d'éducation. Services de loisirs. Publication de livres. Prêt de livres. Dressages d'animaux. Production de films sur bandes vidéo. Location de films cinématographiques. Location d'enregistrements sonores. Location de magnétoscopes ou de postes de radio et de télévision. Location de décors de spectacles. Montage de bandes vidéo. Services de photographie. Organisation de concours (éducation ou divertissement). Organisation et conduite de colloques, conférences ou congrès. Organisations d'expositions à buts culturels ou éducatifs. Réservation de places de spectacles. Services de jeu proposés en ligne à partir d'un réseau informatique. Services de jeux d'argent. Publication électronique de livres et de périodique en ligne. Microédition.

Classe 42 : Evaluations, estimations et recherches dans les domaines scientifiques et technologiques rendues par des ingénieurs ; conception et développement d'ordinateurs et de logiciels. Recherche et développement de nouveaux produits pour des tiers. Etudes de projets techniques. Architecture. Décoration intérieure. Elaboration (conception), installation, maintenance, mise à jour ou location de logiciels.

Programmation pour ordinateur. Consultation en matière d'ordinateurs.

Conversion de données et de programmes informatiques autre que conversion physique. Conversion de données ou de documents d'un support physique vers un support électronique.

Contrôle technique de véhicules automobiles. Services de dessinateurs d'arts graphiques. Stylisme (esthétiques industrielles). Authentification d'œuvres d'art.

Classe 43 : Services de restauration (alimentation) ; hébergement temporaire. Services de bars. Services de traiteurs. Services hôteliers. Réservation de logements temporaires. Crèches d'enfants. Mise à disposition de terrains de camping. Maisons de retraite pour personnes âgées. Pensions pour animaux.

Classe 44 : Services d'agriculture, d'horticulture et de sylviculture. Services médicaux. Services vétérinaires ; soins d'hygiène et de beauté pour êtres humains ou pour animaux. Assistance médicale. Chirurgie esthétique. Services hospitaliers. Maisons médicalisées. Maisons de convalescence ou de repos. Services d'opticiens. Salons de beauté. Salons de coiffure. Toilettage d'animaux. Jardinage. Services de jardinier-paysagiste.

Classe 45 : Services juridiques. Services de sécurité pour la protection des biens et des individus (à l'exception de leur transport). Agences matrimoniales. Etablissement d'horoscopes. Pompes funèbres. Services de crémation. Agences de surveillance nocturne. Surveillance des alarmes anti-intrusion. Consultation en matière de sécurité. Location de vêtements. Agences de détectives. Recherches judiciaires. Conseils en propriété intellectuelle.

Tables des matières

L'Afrique

aux éditions L'Harmattan

Dernières parutions

SEXUALITÉ (LA) FÉMININE AFRICAINE EN MUTATION
L'exemple du Sénégal
Thiam Awa - Préface d'Amady Aly Dieng
Après *La parole aux négresses*, Awa Thiam aborde, dans ce nouvel ouvrage, la question de la reproduction sociale du côté des femmes, par le biais du marquage du corps, des scarifications, des mutilations sexuelles féminines, de l'habillement, de la coiffure, de la contraception, de l'avortement... et de la sexualité féminine.
(21.00 euros, 208 p.)
ISBN : 978-2-343-03998-5, ISBN EBOOK : 978-2-336-36494-0

SOUS-ESTIMATION DE SOI ET CONTRAINTES AU SUCCÈS
Un agenda d'action pour l'avancement africain
Mukendi Bruno T.
Cet ouvrage discute de la problématique de la sous-estimation de soi et de ses conséquences tant sur le plan de la vie privée que publique. Il examine ensuite des stratégies opérationnelles pour forger un mental de champion et réussir les projets de transformation socioéconomique. Il remet finalement en question les attitudes qui empêchent les Africains de répondre plus efficacement aux défis posés par la globalisation, la pauvreté, la marginalisation et le sous-développement persistant.
(Coll. Points de vue, 32.00 euros, 314 p.)
ISBN : 978-2-343-03314-3, ISBN EBOOK : 978-2-336-36529-9

QUE NE FERAIT-ON PAS POUR DU POGNON !
Essai
Abo Fodjo Kadjo
Que ne ferait-on pas pour du pognon ! est un pamphlet contre une société qui a fait de la quête d'argent un style de vie. Cet outil d'échanges semble aujourd'hui justifier à lui seul les crimes les plus crapuleux et toutes sortes de bassesses. Pour étayer cette thèse, l'auteur organise son essai autour de cinq thématiques : la vie, la dignité, la morale, le pouvoir et la religion. Il veut ainsi montrer que l'argent a corrompu la société jusque dans ses fondements.
(Coll. Harmattan Côte-d'Ivoire, 23.00 euros, 232 p.)
ISBN : 978-2-343-04343-2, ISBN EBOOK : 978-2-336-36652-4

MICRO-ENTREPRISES (LES) EN AFRIQUE DE L'OUEST
Ou le développement par la petite porte
Haïdara Hammou
En Afrique subsaharienne, le développement des micro-entreprises, qui constituent la norme des économies, comme base de croissance, de création de richesses et d'emplois décents, apparaît comme une alternative crédible de développement économique et social. Cela nécessite de sortir des sentiers battus dans les approches du développement et suppose une stratégie globale permettant de faire du secteur privé le vrai moteur de la croissance et du développement.
(Coll. Études africaines, 21.00 euros, 218 p.)
ISBN : 978-2-343-03851-3, ISBN EBOOK : 978-2-336-36814-6

TRANSITIONS DÉMOCRATIQUES EN AFRIQUE DE L'OUEST
Processus constitutionnels, société civile et institutions démocratiques
Sous la direction d'Augustin Loada et Jonathan Wheathey
Cet ouvrage est le fruit d'une recherche comparative portant sur les processus démocratiques en cours au Bénin, au Burkina Faso, au Mali, au Togo, au Niger, au Sénégal et au Ghana. Elle vise à comprendre pourquoi ces sept États d'Afrique de l'Ouest présentent autant de différences en termes de types de régimes alors qu'ils reposent sur des niveaux de développement socio-économique similaires ainsi que sur des processus d'ouverture démocratique et de changement constitutionnel comparables.
(Coll. Études africaines, 28.00 euros, 284 p.)
ISBN : 978-2-343-04865-9, ISBN EBOOK : 978-2-336-36696-8

COOPÉRATION CHINE-AFRIQUE
Impact sur les infrastructures du Cameroun
Tedié Joachim - Préface de Laurent Zang
L'auteur de cet ouvrage tente de mettre en relief les éléments d'une coopération Sud-Sud mutuellement bénéfique entre la Chine et l'Afrique sous le prisme des infrastructures. En s'intéressant de plus près aux facteurs et aux acteurs de la coopération entre la Chine et le Cameroun, sa conclusion semble être que leur dix ans de coopération dans le domaine des infrastructures ont été très fructueux et suscitent plein d'espérance pour l'avenir.
(Coll. Harmattan Cameroun, 19.50 euros, 196 p.)
ISBN : 978-2-343-05102-4, ISBN EBOOK : 978-2-336-36744-6

DE L'ANTÉRIORITÉ DES IDÉES ET INSTITUTIONS POLITIQUES DE L'AFRIQUE PRÉCOLONIALE
Les paradoxes sociopolitiques
Nkoyok Jacqueline
Cet ouvrage met en exergue la nécessité de la prise en compte de l'Afrique dans la fondation et l'évolution de la pensée politique contemporaine. Pour renforcer la citoyenneté africaine, il faut une capacité d'organisation qui associe les idées panafricanistes de la négritude rénovée, c'est-à-dire une négritude qui s'éloigne des approches de victimisation et qui se fonde sur des thèmes mobilisateurs.
(Coll. Harmattan Cameroun, 26.00 euros, 260 p.)
ISBN : 978-2-343-04475-0, ISBN EBOOK : 978-2-336-36708-8

COLONISATIONS ET SOCIÉTÉ CIVILE EN AFRIQUE
Kouassi Yao-Edmond - Préface d'Abou Karamoko
L'étude de l'Afrique a sans nul doute partie liée à la reconstruction entreprise par Habermas pour expliquer, par la métaphore de la colonisation du monde vécu, l'érosion de la culture, de la société et de la personnalité, les trois composantes cardinales du monde quotidien. Parce qu'une telle colonisation renvoie au modèle colonialiste historique et classique, le défi politique majeur pour l'Afrique est la décolonisation systémique. Pareille décolonisation est à organiser sur les cendres de la colonisation historique.
(Coll. Études africaines, 17.00 euros, 176 p.)
ISBN : 978-2-343-04787-4, ISBN EBOOK : 978-2-336-36559-6

L'AFRIQUE FACE AUX ACCORDS DE PARTENARIAT AVEC L'EUROPE
Mbita Joseph
Les Accords de Partenariat Économique (APE) initiés par l'Union Européenne tendent à reconduire le modèle de développement extraverti de l'Afrique, qui a montré toutes ses limites au cours des cinquante dernières années. L'auteur démontre que les théories économiques, le droit international, le bilan des précédents accords de coopération avec l'Occident et le plan à long terme d'intégration et de développement de l'Afrique sont défavorables à la signature par les pays africains des APE proposés par l'UE, considérés comme de « véritables marchés de dupe ».
(Coll. Harmattan Cameroun, 13.50 euros, 118 p.)
ISBN : 978-2-343-04055-4, ISBN EBOOK : 978-2-336-36560-2

AFRIQUE (L') DANS LA MONDIALISATION
Les défis de la participation, de la démocratie et de la gouvernance mondiale
Nkoyok Jacqueline
Dans le processus actuel de mondialisation des économies, l'indépendance socioéconomique, dans le contexte africain, est une renaissance, une reconstruction, qui nécessite un véritable plaidoyer et appelle un réajustement dans la structure de pensée des jeunes Africains. La souveraineté économique dont nous parlons doit être une construction émanant d'un peuple, d'un Etat ou d'un continent.
(Coll. Harmattan Cameroun, 23.00 euros, 234 p.)
ISBN : 978-2-343-04486-6, ISBN EBOOK : 978-2-336-36707-1

GESTION DURABLE DES EAUX PLUVIALES DANS LES VILLES AFRICAINES
Un enjeu de développement de masse
Dasylva Sylvestre
Voici une approche de gestion développante des eaux pluviales en milieu urbanisé. Par une intelligence de développement inclusif, ce concept innovant mise sur l'essor rapide des villes et le ruissellement généré pour impulser une dynamique socioéconomique durable de large échelle. Il s'agit d'un plaidoyer sur la nécessité de contextualiser les pratiques en les centrant sur des objectifs d'eau agricole, d'emploi des jeunes, de santé publique et de gouvernance partagée.
(36.00 euros, 354 p.)
ISBN : 978-2-343-05383-7, ISBN EBOOK : 978-2-336-36836-8

RATIONALITÉ (LA) DE LA MÉDECINE TRADITIONNELLE EN AFRIQUE

Mvone Ndong Simon-Pierre E.

L'objet de cet ouvrage est, non seulement d'entrevoir un dialogue entre la médecine moderniste, scientiste et technoscientifique avec la médecine traditionnelle et ses représentations, mais surtout de parvenir à l'élaboration d'une médecine interculturelle qui présente un système de santé incorporant : médecine moderne et médecine traditionnelle africaine (la phytothérapie).

(Coll. Études africaines, 20.00 euros, 206 p.)

ISBN : 978-2-343-05235-9, ISBN EBOOK : 978-2-336-36570-1

MÉDECINE TRADITIONNELLE ET MÉDECINE SCIENTIFIQUE

Pour une médecine interculturelle en Afrique

Mvone Ndong Simon-Pierre E.

Voici une confrontation entre une médecine occidentale scientifique et un ensemble de pratiques de soins dites médecine traditionnelle. Comment envisager un système de soins dans lequel collaborent deux traditions médicales, occidentales et africaines : quelles sont les conditions permettant d'établir une collaboration entre toutes ces pratiques soignantes pour avoir un système de soins qui tienne compte de l'histoire sociale et culturelle des peuples d'Afrique ?

(Coll. Études africaines, 20.00 euros, 196 p.)

ISBN : 978-2-343-05252-6, ISBN EBOOK : 978-2-336-36571-8

ZONES (LES) MONÉTAIRES D'AFRIQUE DE L'OUEST

Touré Manga Fodé

L'Afrique de l'Ouest comprend deux zones monétaires distinctes : la première de huit pays regroupés au sein de l'UEMOA, avec pour monnaie le franc CFA en parité avec l'euro, la seconde comporte six pays (République de Guinée, Nigeria, Sierra Leone, Ghana, Gambie, Liberia) autour d'un projet de création de monnaie commune : la zone monétaire d'Afrique de l'Ouest (ZMAO). Si les économies de l'UEMOA affichent une faible convergence macroéconomique et un faible niveau d'inflation, celles de la ZMAO, avec un taux d'inflation plus fort, ne convergent sans doute pas en raison de la position dominante du Nigéria.

(Coll. Harmattan Guinée, 30.00 euros, 292 p.)

ISBN : 978-2-343-04977-9, ISBN EBOOK : 978-2-336-36342-4

INTÉGRATION ET COOPÉRATION EN AFRIQUE

La difficile rencontre possible entre les théories et les faits

Mvelle Guy

Cet ouvrage examine l'intégration africaine à partir de théories générales élaborées dans le cadre de la construction européenne. L'auteur y expose les idées politiques et philosophiques purement africaines pouvant donner lieu à un début de théorisation et conclut que, malgré l'ingéniosité dont font preuve les Africains en matière d'intégration et de coopération, la nécessité d'une identité africaine s'impose, tout comme se pose le problème de la pensée africaine dans ce domaine.

(Coll. Harmattan Cameroun, 16.50 euros, 268 p.)

ISBN : 978-2-343-04766-9, ISBN EBOOK : 978-2-336-36290-8

L'HARMATTAN ITALIA
Via Degli Artisti 15; 10124 Torino
harmattan.italia@gmail.com

L'HARMATTAN HONGRIE
Könyvesbolt ; Kossuth L. u. 14-16
1053 Budapest

L'HARMATTAN KINSHASA
185, avenue Nyangwe
Commune de Lingwala
Kinshasa, R.D. Congo
(00243) 998697603 ou (00243) 999229662

L'HARMATTAN CONGO
67, av. E. P. Lumumba
Bât. – Congo Pharmacie (Bib. Nat.)
BP2874 Brazzaville
harmattan.congo@yahoo.fr

L'HARMATTAN GUINÉE
Almamya Rue KA 028, en face
du restaurant Le Cèdre
OKB agency BP 3470 Conakry
(00224) 657 20 85 08 / 664 28 91 96
harmattanguinee@yahoo.fr

L'HARMATTAN MALI
Rue 73, Porte 536, Niamakoro,
Cité Unicef, Bamako
Tél. 00 (223) 20205724 / +(223) 76378082
poudiougopaul@yahoo.fr
pp.harmattan@gmail.com

L'HARMATTAN CAMEROUN
BP 11486
Face à la SNI, immeuble Don Bosco
Yaoundé
(00237) 99 76 61 66
harmattancam@yahoo.fr

L'HARMATTAN CÔTE D'IVOIRE
Résidence Karl / cité des arts
Abidjan-Cocody 03 BP 1588 Abidjan 03
(00225) 05 77 87 31
etien_nda@yahoo.fr

L'HARMATTAN BURKINA
Penou Achille Some
Ouagadougou
(+226) 70 26 88 27

L'HARMATTAN SÉNÉGAL
10 VDN en face Mermoz, après le pont de Fann
BP 45034 Dakar Fann
33 825 98 58 / 33 860 9858
senharmattan@gmail.com / senlibraire@gmail.com
www.harmattansenegal.com

L'HARMATTAN BÉNIN
ISOR-BENIN
01 BP 359 COTONOU-RP
Quartier Gbèdjromèdé,
Rue Agbélenco, Lot 1247 I
Tél : 00 229 21 32 53 79
christian_dablaka123@yahoo.fr

Achevé d'imprimer par Corlet Numérique - 14110 Condé-sur-Noireau
N° d'Imprimeur : 127491 - Dépôt légal : mars 2016 - *Imprimé en France*

www.ingramcontent.com/pod-product-compliance
Lightning Source LLC
LaVergne TN
LVHW021228061026
849535LV00008B/2978
* 9 7 8 2 3 4 3 0 8 5 7 4 6 *